U0899637

DRC

国务院发展研究中心
中青年学者文库

我国经济适用住房政策的效果评估与发展前景研究

Effect Evaluation
and Future Direction of
China's
Affordable Housing Policy

佘 宇 等著

中国发展出版社
CHINA DEVELOPMENT PRESS

图书在版编目（CIP）数据

我国经济适用住房政策的效果评估与发展前景研究/佘宇等著．北京：中国发展出版社，2012.11
ISBN 978-7-80234-865-3

Ⅰ.①我… Ⅱ.①佘… Ⅲ.①经济适用房—住房政策—研究—中国 Ⅳ.①F299.233.1

中国版本图书馆 CIP 数据核字（2012）第 269490 号

书　　名：我国经济适用住房政策的效果评估与发展前景研究
著作责任者：佘宇等
出 版 发 行：中国发展出版社
（北京市西城区百万庄大街 16 号 8 层　100037）
标 准 书 号：ISBN 978-7-80234-865-3
经　销　者：各地新华书店
印　刷　者：北京明恒达印务有限公司
开　　本：700mm×1000mm　1/16
印　　张：10.5
字　　数：140 千字
版　　次：2012 年 11 月第 1 版
印　　次：2012 年 11 月第 1 次印刷
定　　价：30.00 元

联 系 电 话：（010）68990630　68990692
网　　址：http：//www.develpress.com.cn
电 子 邮 件：bianjibu16@vip.sohu.com

“我国经济适用住房政策的效果评估与发展前景研究”课题组

课题顾问：

林家彬　国务院发展研究中心社会发展研究部巡视员，研究员

孙柏瑛　中国人民大学公共管理学院行政管理学系主任，教授

课题负责人：

佘　宇　国务院发展研究中心社会发展研究部第三研究室副主任，助理研究员

课题组成员：

王雄军　国务院发展研究中心办公厅副研究员

谭梦圆　中国航空工业集团公司北京航空材料研究院

韩　巍　中国人民大学公共管理学院博士研究生

摘　　要

中低收入家庭的住房问题是各国政府关心的重要民生问题，关系到国家稳定。在我国改革开放的进程之中，住房福利化也开始向住房市场化、商品化转变。在住房商品化改革的过程中，我国于1998年正式确立了经济适用住房政策。

作为住房保障政策体系的重要组成部分，经济适用住房政策经历了一个不断发展、完善与变化的过程，大体可分为酝酿及初步形成、快速发展、反思与调整三个阶段。经济适用住房政策的变迁有其内在原因，其发展主要涉及中央政府、地方政府、开发企业和部分民众四个方面、三组关系的博弈，具体如下：

第一组博弈关系是中央政府的意愿供给与地方政府的实际供给。经济适用住房政策的最终执行者是地方政府。但是，地方政府具有双重属性，既是中央政府政策的执行者，也是管理地方事务的独立主体，其利益诉求与中央政府并不完全一致。这种差别导致地方政府在执行中央政策过程中，会根据自身利益对政策进行调整。这种调整可能是积极的，也可能违背最初的政策意图。

第二组博弈关系是地方政府的政策目标与开发企业的利润目标。经济适用住房的开发与建设涉及到地方政府、开发企业双方的利益，政府和开发企业实际上形成了一个委托—代理关系。在该代理关系中，政府的政策目标与开发企业的利润目标存在不一致的地方。地方政府与开发企业之间存在一定程度的利益博弈，削弱了政策的预期效果，导致经济适用住房政策实施的实际效果与初期目标产生较大偏差。

第三组博弈关系是地方政府的保障动机与部分民众的投资动机。政府基于保障目标实施经济适用住房政策，但普通民众更关注的是经济适用住房与商品房之间的差价，会展开对这一稀缺资源的争夺，往往是掌握较多资源、而不是最需要的人群取得了经济适用住房，存在骗购、超标购买和投机等有损经济适用住房政策公正性的行为，从而导致政府的保障目标与社会公平性缺失的矛盾。为此，政府势必采取相应措施保障政策目标的实现。

中央政府、地方政府、开发企业和部分民众之间的矛盾关系共同影响了经济适用住房政策的发展与演进，也解释了这一政策在贯彻执行过程中出现的许多问题。政府的本意是希望通过经济适用住房政策克服市场失灵，但却未能有效克服政府失灵，使这一政策备受争议。

本研究将基于以上分析，尝试着对我国经济适用住房政策的发展前景进行探讨，并对其发展过程中的经验教训进行总结，从而为我国住房保障政策的制定和完善提供参考依据。

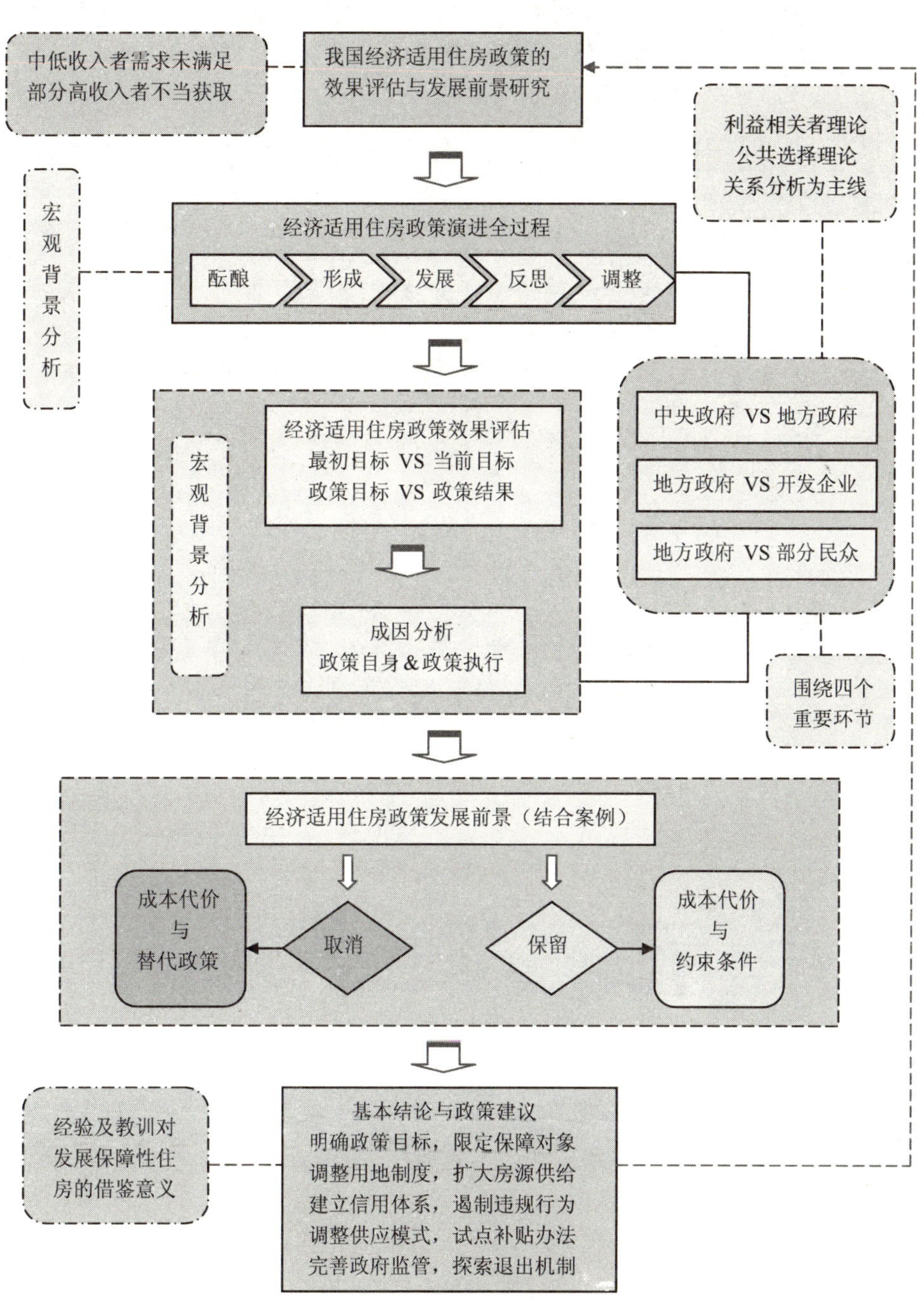

课题研究分析框架顶层设计图

目　录

Contents

第一章　我国经济适用住房政策的外部环境与演进历程 ……………… 1

一、酝酿及初步形成阶段（1991～1997 年） ………………………………… 1

二、快速发展阶段（1998～2002 年） ……………………………………… 2

三、反思与调整阶段（2003 年至今） ……………………………………… 4

四、经济适用住房在我国住房保障体系中地位的变化 ………………… 8

第二章　中央政府的意愿供给与地方政府的实际供给 ……………… 21

一、地方政府缺乏建设的积极性 ……………………………………………… 22

1. 土地收益的重要性日益凸显 ……………………………………………… 22

2. 经济适用住房的建设加重地方财政负担 ………………………………… 25

二、地方政府对中央政策的调整 ……………………………………………… 28

1. 供应对象的调整：不断缩小、定向供应 ………………………………… 29

2. 供给方式的调整：租售并举 ……………………………………………… 34

3. 退出管理的调整：内循环模式 …………………………………………… 36

4. 探索新的供给制度：限价房和公租房 …………………………………… 39

第三章　地方政府的政策目标与开发企业的利润目标 ……………… 40

一、地方政府的政策目标 ……………………………………………………… 41

二、开发企业的利润目标 …… 42
1. 提高销售价格 …… 43
2. 扩大建设面积 …… 44
三、地方政府的监管问题 …… 44
1. 政府的监管程序 …… 45
2. 监管存在的问题 …… 47
四、建设环节的政策演进 …… 48
1. 准入资格的规范 …… 48
2. 面积、价格、质量标准的规范 …… 50

第四章 地方政府的保障动机与部分民众的投资动机 …… 54

一、部分民众的投资与投机心理 …… 54
1. 政府一次性补贴的缺陷 …… 54
2. 购买中的超标、骗购与投资（投机）行为 …… 55
二、地方政府的审批及问题 …… 57
1. 政府的审批程序 …… 57
2. 审批存在的问题 …… 59
三、分配环节的政策演进 …… 60
1. 审批程序的调整 …… 60
2. 购买面积的控制 …… 62
3. 上市交易的调整 …… 64

第五章 我国经济适用住房政策的内在矛盾及未来走向 …… 67

一、经济适用住房政策的内在矛盾 …… 67
1. 经济适用住房政策的设计缺陷 …… 68
2. 经济适用住房政策的执行问题 …… 69

二、经济适用住房政策的未来走向 …… 70

1. 经济适用住房政策的新发展 …… 70

2. 经济适用住房的走向分析 …… 72

3. 小结 …… 76

第六章 进一步完善我国经济适用住房政策的若干建议 …… 78

一、基于三组关系的思路框架 …… 78

二、近期完善我国经济适用住房政策的若干建议 …… 80

1. 明确政策目标，限定保障对象 …… 80

2. 调整用地制度，扩大房源供给 …… 81

3. 建立信用体系，遏制违规行为 …… 83

4. 调整供应模式，试点补贴办法 …… 84

5. 完善政府监管，探索退出机制 …… 85

附件一 开征房地产税的框架、难点及影响 …… 87

一、房地产税的框架 …… 87

二、房地产税的难点 …… 89

三、房地产税的影响 …… 90

附件二 新加坡的住房保障政策及其启示 …… 93

一、新加坡住房保障制度的发展历程 …… 93

1. 陋屋区时代（20世纪60年代以前） …… 94

2. 居者有其屋计划：大规模发展低成本住房（1960～1970年） …… 94

3. 建设新市镇，大量增加住房供应，提供全面居住环境（1971～1980年代中期） …… 95

4. 放宽组屋购买限制，提升组屋的质量与服务
（1980 年代中期以后） …… 95
二、新加坡公共住房的类型与分布 …… 96
三、新加坡发展公共住房的政策经验 …… 97
1. 公共住房的规划与建设 …… 97
2. 公共住房的分配：以家庭收入水平为依据 …… 99
3. 组屋的流转 …… 101
4. 公共住房融资机制：中央公积金制度 …… 101
四、新加坡公共住房政策对我国的启示 …… 103
1. 住房保障是社会安定的基石 …… 103
2. 公共住房要科学规划、综合配套 …… 104
3. 优先保障居住需求，严禁空置投机 …… 105
4. 建立完善的住房公积金制度 …… 105

附件三 “共有产权”的淮安模式评述 …… 107

一、“共有产权”的政策背景：要回应什么问题 …… 107
1. 目标群体问题 …… 108
2. 公平问题 …… 108
3. 监管成本高昂 …… 108
二、“共有产权”的政策内容 …… 109
1. 土地供应 …… 109
2. 价格与产权 …… 109
3. 供应对象 …… 110
4. 交易和退出 …… 110
5. 申购程序 …… 111
三、“共有产权”的政策创新 …… 111
1. 产权明晰灵活 …… 111

2. 从“双轨制”变为“单轨制” …… 112
3. 从“补供方”变为“补需方” …… 112
4. 从行政监管变为市场调节 …… 113
四、“共有产权”的政策评价 …… 114
1. 与民争利 …… 115
2. 产权问题 …… 115

附件四　北京市经济适用住房政策演进历程 …… 117

一、酝酿阶段（1992～1997 年） …… 117
二、确立阶段（1998 年） …… 118
三、繁荣阶段（1999～2004 年） …… 119
1. 投资和建设规模不断扩大 …… 119
2. 法律法规进一步完善 …… 121
四、反思阶段（2004～2006 年） …… 122
1. 建设速度放缓 …… 122
2. 问题日益暴露 …… 122
五、调整阶段（2007 年至今） …… 125

附件五　杭州市经济适用住房政策变迁分析 …… 127

一、经济适用住房的性质分析 …… 127
二、从供应对象分析 …… 128
三、从建筑面积标准来看 …… 129
四、关于上市交易 …… 130

附件六　成都市经济适用住房政策概述 …… 140

一、主要发展历程 …… 140

1. 试点阶段（1999～2003年） …… 140
2. 发展阶段（2004～2006年） …… 141
3. 完善阶段（2006年至今） …… 142
二、在保障性住房中的比重及有关优惠政策 …… 143
1. 经济适用住房的占比 …… 143
2. 有关优惠政策 …… 144
三、申购条件、程序及需求量 …… 144
1. 申购条件 …… 144
2. 申请程序 …… 145
3. 需求量 …… 145
四、政府与开发企业的责任 …… 146
1. 开发企业的选择标准及管理措施 …… 146
2. 经济适用住房建设中的各方责任 …… 146

参考文献 …… 151

第一章　我国经济适用住房政策的外部环境与演进历程

经济适用住房政策是我国停止住房实物分配后，为解决中低收入家庭住房困难而出台的一项具有社会保障性质的住房政策，它诞生于我国从计划经济向市场经济过渡的过程之中，并在实际运行中为了应对暴露出的种种问题而进行了一些适应性调整。系统地看，经济适用住房政策的变迁以及经济适用住房本身性质的演变与其外部环境的变化紧密相关。

一、酝酿及初步形成阶段（1991～1997年）

1991～1997年是经济适用住房政策的酝酿以及初步形成阶段，其中，又以1994年《国务院关于深化城镇住房制度改革的决定》作为经济适用住房政策正式推出的重要标志。从宏观上看，其背景是社会主义市场经济制度的确立。

这一阶段，经济适用住房政策实际上是住房商品化的产物，分析政策文本不难发现，虽然提到了经济适用住房的保障性质，但是更多的却是在说如何打破住房实物分配，建立住房市场，价格如何确定，产权如何界定等问题，与今天讨论的经济适用住房的认购资格、建设标准、运行管理等主题存在着明显的差异。所以，如果要探究这项政策的初衷，取代以实物分配的方式配置住房资源应该是其首要目标，而保障居民的住房需求则是实现这个目标的附带产物。因为如果国家和单位将保障居民住房的责任推向了市场，那么市场上的住房价格就必须是“经济”的，而且房屋必须是“适用”的，否则居民没有能力购买。如果就经济适用住房的概念加以探究的话，那么，这个阶段的经济适用住房与商品房的区别在于认购对象的不同（高收入职工家庭还是中低收入职工家庭）、定价机制不同（市场价还是成本价），可见，这时候的经济适用住房指的是售价上“经济”、使用上“适用”（或实用），与条件较好、价格完全市场化的商品房相对应的住房。经济适用住房这个概念实际上是当时住房市场初建时期对这个市场进行粗略划分的产物。

二、快速发展阶段（1998~2002年）

1998年是经济适用住房政策的一个转折点。这一年出台的《国务院关于进一步深化城镇住房制度改革加快住房建设的通知》中明确规定了停止住房实物分配，逐步实行住房分配货币化，并将我国的住房结构划分为三块，“最低收入家庭租赁由政府或单位提供廉租住房；中低收入家庭购买经济适用住房；其他收入高的家庭购买、租赁市场价商品住房。住房投资结构要调整为重点发展经济适用住房（安居工程），加快解决城镇住房困难居民的住房问题”，明确提出要“建立和完善以经济适用住房为主的住房供应体系”，并开始出台与住房市场相配套的住房金融、物业管理等政策。

1998年的住房制度改革延续并极大地推进了之前住房市场化改革的思路，与《国务院关于进一步深化城镇住房制度改革加快住房建设的通知》相配套的《关于大力发展经济适用住房的若干意见》中指出“发展经济适用住房的目的，是……促使住宅业成为新的经济增长点”。所以，1998年改革中的经济适用住房是住房市场分层中定位于中低收入者的那部分。可以说这是非常理想化的设计，因为在住房市场化的背景下，同时施行经济适用住房政策和商品房政策必然会导致商品房极大发展而经济适用住房遭到挤压，这其中有一个非常重要的因素是地方政府在财政压力下会“舍”经济适用住房而“取”商品房。

表 1.1　　近年来我国经济适用住房新开工面积情况

年份	新开工住宅面积（万平方米）	新开工经济适用住房面积（万平方米）	经济适用住房占比（%）
1997	10996.6	1720.6	15.6
1998	16637.5	3466.4	20.8
1999	18797.9	3970.4	21.1
2000	24401.2	5313.3	21.8
2001	30532.7	5796.0	19.0
2002	34719.4	5279.7	15.2
2003	43853.9	5330.6	12.2
2004	47949.0	4257.5	8.9
2005	55185.1	3513.5	6.4
2006	64403.8	4379.0	6.8
2007	78795.5	4810.3	6.1

数据来源：国家统计局。

在1994年分税制改革之后，财政的集权程度大大提高，地方政府的财政自主权大大下降，而在住房市场化和土地市场形成之后，土地出让金成为地方政府重要的收入来源。这样，建设经济适用住房对于地方政府来说是非常“不划算”的，一方面，本来在商品房市场上可以获得很高土地出让金的土地如果拿来建设经济适用住房，意味着失去了这笔收入；另一方面，建设经济适用住房本身又有成本，所以，地方政府在衡量抉择之后就会选择商品房。因此，当经济适用住房和商品房同时在市场上“双轨并行”的情况下，带有公益（保障）性质的经济适用住房被挤压可以说是必然的。这与我国医院中公益项目与盈利项目并行之后，公益项目萎缩，盈利项目井喷的情况在原理上具有相似性。

就经济适用住房这个阶段的性质来说，它既具有商品性，又具有保障性。

从文件中看，住房改革的一个重要目标是使“住宅业成为新的经济增长点”，而整个住房体系又要以经济适用住房为主，所以，经济适用住房是被赋予了拉动经济增长的功能的。同时，由于经济适用住房定位于中低收入家庭，因此它又具有保障性质（2003 年《关于下达 2003 ~ 2004 年经济适用住房建设投资计划的通知》中认定：经济适用住房是具有保险性质的政策性住房，是解决中等偏下收入家庭住房的重要途径，也是扩大内需，拉动经济增长的重要政策之一）。

三、反思与调整阶段（2003 年至今）

2003 年出台的《国务院关于促进房地产市场持续健康发展的通知》中提出要“调整住房供应结构，逐步实现多数家庭购买或承租普通商品住房；同时，根据当地情况，合理确定经济适用住房和廉租住房供应对象的具体收入线标准和范围，并做好其住房供应保障工作”。之后，住房供给结构的主体被转移到了商品房上，经济适用住房逐渐成为了保障性质占主导地位的住房。

在经济适用住房政策发展的过程中，出现了许多问题，例如规格超标、供应对象失控、供需矛盾尖锐等①。这一方面是因为经济适用住房建设与分配中的监管不力，同时也是由于上述问题（即经济适用住房受到挤压从而供应量

① 以北京市为例，2006 年经济适用住房户型面积 90 平方米以下的占 54.9%，90 ~ 105 平方米的占 23.2%，105 ~ 120 平方米的占 20.4%，120 平方米以上的占 1.5%。该市天通苑经济适用住房小区有许多 150 平方米以上的大户型，甚至还有 200 ~ 300 平方米的，住户基本上不是贫民，绝大部分是机关干部、企业白领、医生、教师、小企业主等中等收入家庭，大户型经济适用住房受到很多中高收入购房者青睐。2005 年，全国工商联住宅产业商会所属的中国房地产报告（REICO）通过对北京经济适用住房的抽样调查发现，经济适用住房主要满足中等偏上收入家庭的需要，而中等偏下和低收入家庭所占比例并不高，且部分经济适用住房是用于投资，自用率平均仅为 51.34%，完全违背政策初衷。此外，实际建设中经济适用住房也只占住宅建设很小比例，2005 年和 2006 年北京经济适用住房施工面积仅占同期商品房施工面积的 8%，远远低于该市符合条件、占家庭总数 70% 的居民的购房需求。

不足）。另外，在市场化过程中，人们的收入差距越来越大，造就了大批经济适用住房的需求者，也加剧了这些问题的产生。

2007 年，《国务院关于解决城市低收入家庭住房困难的若干意见》出台，政府在住房保障方面的责任得到明确强调，经济适用住房与廉租房共同构成了我国保障性住房的主体。同年，新修订的《经济适用住房管理办法》出台，对 2004 年的部分规定作了修改，通过对两个文件进行比较，可以发现经济适用住房政策的一些变化。

第一，对经济适用住房的性质界定有了变化。2004 年的定义为“经济适用住房，是指政府提供政策优惠，限定建设标准、供应对象和销售价格，具有保障性质的政策性商品住房”，2007 年改为“经济适用住房，是指政府提供政策优惠，限定套型面积和销售价格，按照合理标准建设，面向城市低收入住房困难家庭供应，具有保障性质的政策性住房”。从“政策性商品住房”到“政策性住房”，没有了商品二字，经济适用住房的保障性质得到了突出强调。

第二，2004 年规定“经济适用住房建设和经营中的行政事业性收费，减半征收”，2007 则规定基础设施建设费、行政事业性收费由政府负担或者免收。行政事业性收费被取消意味着经济适用住房的公益性（或保障性）在增加。

第三，户型上，2004 年规定“经济适用住房要严格控制在中小套型，中套住房面积控制在 80 平方米左右，小套住房面积控制在 60 平方米左右”，2007 年规定建筑面积控制在 60 平方米左右，保基本的特征更明显。

2007 年还有一个比较明显的变化，即在购房家庭的标准上取消了市县政府的一些相机决定权；同时，对购房家庭的准入资格审核也更加细致、规范。这些表明，经济适用住房政策在现实中遭遇了供应对象失控的问题，因此中央政府取消了市县政府的一些自主权，也加紧了对供应对象的资格审核。

2008 年以后，以经济适用住房和廉租房为主体的保障性住房建设和投资落实问题备受关注。为此，中央政府于 2008 ~ 2011 年出台了一系列文件和通知，进一步规定了保障性住房的建设规模、未来规划、资金投入和保证等问题，随之而来的就是全国保障性住房建设规模大幅增加。

表 1.2　2008～2011 年我国有关保障性住房的重要论述

时间	来源	要点
2008 年 10 月 19 日	国务院常务会议	1. 加大保障性住房建设规模，计划 2009～2011 年，将增加 400 多万套经济适用住房； 2. 增加 200 多万套廉租住房。
2008 年 11 月 5 日	国务院常务会议出台扩大内需十项措施（国十条）	1. 中央准备在 3 年内用 9000 亿元加大保障性住房建设，以此来解决 1300 万户居民的基本住房问题； 2. 加大廉租住房建设支持力度。
2008 年 12 月 21 日	国务院《关于促进房地产市场健康发展的若干意见》	1. 加大保障性住房建设力度，争取用 3 年时间基本解决城市低收入住房困难家庭住房问题； 2. 主要以实物配租方式，结合发放租赁补贴，解决 260 万户城市低收入住房困难家庭的住房问题。
2009 年 1 月 9 日	全国建设工作会议	1. 以实物方式为主，结合发放租赁补贴，解决 260 万户城市低收入住房困难家庭的住房问题； 2. 解决 80 万户住在煤矿、林区、垦区棚户区的住房困难家庭的住房问题； 3. 新增经济适用住房 130 万套。
2009 年 5 月 22 日	《2009－2011 年廉租住房保障规划》	从 2009 年起到 2011 年，争取用 3 年时间，基本解决 747 万户现有城市低收入住房困难家庭的住房问题，3 年内新增廉租住房 518 万套、新增发放租赁补贴 191 万户。
2009 年 12 月 24 日	《关于推进城市和国有工矿棚户区改造工作的指导意见》	结合开展保障性住房建设，用 5 年左右时间基本完成集中成片城市和国有工矿棚户区改造。
2010 年 1 月 7 日	《国务院办公厅关于促进房地产市场平稳健康发展的通知》（国十一条）	强调在 2010～2011 年住房建设规划中要重点明确公共租赁住房的建设规模。
2010 年 4 月 17 日	国务院《关于坚决遏制部分城市房价过快上涨的通知》	加快保障性安居工程建设，确保计划 580 万套保障房开工建设。
2010 年 6 月 8 日	《关于加快发展公共租赁住房的指导意见》	各地区、各部门要统一思想，提高认识，精心组织，加大投入，积极稳妥地推进公共租赁住房建设。

续表

时间	来源	要点
2010 年 12 月 10 日	中央经济工作会议	加快推进住房保障体系建设，加大保障性安居工程建设力度，逐步形成符合国情的保障性住房体系和商品房体系。
2011 年 1 月 26 日	国务院常务会议研究部署做好房地产市场调研工作（国八条）	加大保障性安居工程建设力度……努力增加公共租赁住房供应。
2011 年 3 月 6 日	十一届全国人大四次会议记者会	未来 5 年，要建设城镇保障性安居工程 3600 万套，其中今年 1000 万套，明年 1000 万套，后面三年还有 1600 万套，使保障性住房的覆盖率达到 20%。
2011 年 3 月 16 日	国家“十二五”规划纲要	重点发展公共租赁住房，逐步使其成为保障性住房的主体。

随着建设力度逐步加大，我国保障性住房进入加速发展阶段。但同时，其内部构成（特别是经济适用住房的比重）也在逐渐发生变化。例如，2009 年全国新开工各类保障性住房 397.7 万套（经济适用住房 131 万套，占比约为 33%）；2010 年新开工保障性住房 580 万套（经济适用住房 100 万套，占比约为 17%）；2011 年计划建设 1000 万套保障性住房（截至 10 月底已提前完成开工建设①），其中，经济适用住房的占比更是降到 7%（仅为 70 万套），而比上一年增加的 400 多万套保障性住房中，约有一半为公共租赁住房（220 万套）。另外，从这些文件或论述中（特别是 2010 年以来）也可以发现，中央政府保障性住房建设的思路也在发生变化，即公共租赁住房将逐渐取代廉租房和经济适用住房，成为未来我国保障性住房的主体。

① “我国今年保障性住房建设规模创历史之最”，http：//news. sina. com. cn/c/2011 - 12 - 05/033823574164. shtml。

四、经济适用住房在我国住房保障体系中地位的变化

至此，可以简单梳理一下我国经济适用住房在整个住房保障体系中地位的变化。

从 1991 年《国务院关于继续积极稳妥地进行城镇住房制度改革的通知》第一次提出“大力发展经济实用的商品住房，优先解决无房户和住房困难户的住房问题”，到 1994 年《国务院关于深化城镇住房制度改革的决定》提出“建立以中低收入家庭为对象、具有社会保障性质的经济适用住房供应体系和以高收入家庭为对象的商品房供应体系”，经济适用住房的政策正式确立，并定位为我国住房保障体系的重要组成部分。

1998 年《国务院关于进一步深化城镇住房制度改革加快住房建设的通知》正式提出“建立和完善以经济适用住房为主的住房供应体系”，这意味着经济适用住房已明确成为我国住房保障体系的核心，并进入短暂的快速发展时期。

由于经济适用住房的供给并没有达到预期的缓解中低收入家庭住房困难的作用，且实施过程中出现了一系列问题，政府不得不探索其他更为有效的解决办法。一方面是经济适用住房在住房保障中的“错位”，一方面是地方政府、开发企业等的各种消极应对甚至抵制，2002 年以后各地对经济适用住房的发展热情大幅降低。

2007 年《国务院关于解决城市低收入家庭住房困难的若干意见》以及新修订的《经济适用住房管理办法》都对经济适用住房政策提出“改进和规范”，将保障对象由“中低收入家庭”调整为“低收入家庭”；同时，强调经济适用住房的供应对象要与廉租房的保障对象相衔接。这意味着，经济适用住房政策在得到调整与完善的同时，不再是我国住房保障体系的核心，只是“解决城市低收入家庭住房困难政策体系的组成部分”，与廉租房一起共同构

成保障性住房的主体。

正如表1.2及相关数据显示的那样，2008年以后特别是2010年以来，随着中央保障性住房建设思路的变化，公共租赁住房日益成为我国保障性住房建设的重点；国家“十二五”规划纲要更是明确提出“重点发展公共租赁住房，逐步使其成为保障性住房的主体”。这也就意味着，经济适用住房与廉租房构成的主体地位，在未来将让渡给公共租赁住房这一新的住房保障形式。

表1.3　　我国住房政策演变历程

时间	标志性文件	政策背景	政策目标	有关政策和措施
1991年6月7日	《国务院关于继续积极稳妥地推进城镇住房制度改革的通知》	住房制度改革是经济体制改革的重要组成部分，根本目的是要缓解居民住房的困难，不断改善住房条件，正确引导消费，逐步实现住房商品化，发展房地产业。	逐步实现住房资金的良性循环，不断改善城镇居民的住房条件；调整消费结构和产业结构；克服住房领域的不正之风，加强廉政建设；发展房地产业、建筑业和其他相关产业。	1. 住房建设应推行国家、集体、个人三方面共同投资体制，积极组织集资建房和合作建房；各级政府要在用地、规划、计划、材料、信贷、税收等方面给予扶持。 2. 职工购买公有住房，在国家规定住房面积以内，实行标准价，购房后拥有部分产权，可以继承和出售；超过国家规定住房标准的部分，按市场价计价；大力发展经济实用的商品住房，优先解决无房户和住房困难户的住房问题。 3. 合理调整现有公有住房的租金，有计划有步骤地提高到成本租金；对新竣工的公有住房，实行新房新租、先卖后租、优先出售或出租给无房户和住房困难户等办法。 4. 职工拥有部分产权的住房，五年后允许出售，原产权单位有优先购买权，售房收入扣除有关税费后的所得，按国家、集体、个人的产权比例进行分配。

续表

时间	标志性文件	政策背景	政策目标	有关政策和措施
1991 年 12 月 31 日	《国务院住房制度改革领导小组〈关于全面推进城镇住房制度改革的意见〉》		五年目标：保证住房建设有稳定的资金来源；十年目标：发展房地产市场，建立和健全住房资金的融资体系；长期目标：健全房地产市场，完善住房融资体系，完成住房商品机制的转换，实现住房商品化、社会化。	向居民个人出售新旧公房是推行住房商品化的基本措施之一。
1994 年 7 月 18 日	《国务院关于深化城镇住房制度改革的决定》	城镇住房制度改革作为经济体制改革的重要组成部分，其根本目的是：建立与社会主义市场经济体制相适应的新的城镇住房制度，实现住房商品化、社会化；加快住房建设，改善居住条件，满足城镇居民不断增加的住房需求。	建立以中低收入家庭为对象、具有社会保障性质的经济适用住房供应体系和以高收入家庭为对象的商品房供应体系；促进房地产业和相关产业的发展。近期：稳步出售公有住房，大力发展房地产交易市场和社会化的房屋维修、管理市场。	1. 向高收入职工家庭出售公有住房实行市场价，向中低收入职工家庭出售公有住房实行成本价；职工按成本价或标准价购买公有住房，每个家庭只能享受一次，购房的数量必须严格按照规定的分配住房的控制标准执行，超过标准部分一律执行市场价。 2. 职工以市场价购买的住房，产权归个人所有，可以依法进入市场，按规定交纳有关税费后，收入归个人所有；职工以成本价购买的住房，产权归个人所有，一般住用 5 年后可以依法进入市场，在补交土地使用权出让金或所含土地收益和按规定交纳有关税费后，收入归个人所有；职工以标准价购买的住房，拥有部分产权，即占有权、使用权、有限的收益权和处分权，可以继承。产权比例按售房当年标准价占成本

续表

时间	标志性文件	政策背景	政策目标	有关政策和措施
				价的比重确定。职工以标准价购买的住房，一般住用5年后方可依法进入市场，在同等条件下，原售房单位有优先购买、租用权。售、租房收入再补交土地使用权出让金或所含土地收益和按规定交纳有关税费后，单位和个人按各自的产权比例进行分配。 3. 鼓励集资合作建房，继续发展住房合作社，在统一规划的前提下，充分发挥各方面积极性，加快城镇危旧住房改造。 4. 经济适用住房建设用地，经批准原则上采取行政划拨方式供应。对经济适用住房建设项目，要在计划、规划、拆迁、税费等方面予以政策扶持……房地产开发公司每年的建房总量中，经济适用住房要占20%以上。在建房、售房等方面，对离退休职工、教师和住房困难户应予以优先安排……
1994年12月15日	《城镇经济适用住房建设管理办法》	落实《国务院关于深化城镇住房制度改革的决定》关于经济适用房的规定。	建立以中低收入家庭为对象，具有社会保障性质的经济适用住房供应体系；加快经济适用住房建设，提高城镇职工、居民的住房水平；加强对经济适用住房建设的管理。	1. 经济适用房政策制定、计划与管理的主体：各级建设行政部门与房地产行政主管部门； 2. 受众：中低收入家庭住房困难户； 3. 资金来源：地方政府用于住宅建设的资金、政策性贷款、其他资金； 4. 价格：由经济适用住房建设的主管部门会同同级物价管理部门按建设成本确定，报当地人民政府审批后执行。

续表

时间	标志性文件	政策背景	政策目标	有关政策和措施
1995 年 1 月 20 日	《国家安居工程实施方案》		结合城镇住房制度改革，调动各方面的积极性，加快城镇住房商品化和社会化进程，促进城镇住房建设。	1. 建设规模：新增安居工程建筑面积 1.5 亿平方米，分五年完成，1995 年建设规模暂定 1250 万平方米，建设规模一年一定。 2. 资金来源：实施国家安居工程的城市按国家贷款资金和城市配套资金 4 ：6 的比例提供配套资金。安居工程贷款计划，由国家计委、中国人民银行在当年固定资产贷款规模内安排，并按现行办法及时分解下达给各有关专业银行；城市配套资金可从城市住房基金、单位住房基金、住房公积金、售房预收款和其他房改资金中筹集。安居工程贷款，由城市人民政府指定的安居工程承建单位，向人民银行指定的承办房改金融业务的有关专业银行申请。 3. 受众：以成本价向中低收入家庭出售。个人首次付款的比例要达到房价的 40% 以上，还款期限不超过 10 年。 4. 房屋标准：平均每套住宅建筑面积标准一般应控制在 55 平方米以下，要通过精心设计，提高和改善住宅的使用功能。住宅的户室类型，要以二室户型为主，根据实际情况可安排少量的三室户和一室户型。二室户型的比重应在 60% 以上。(《建设部实施国家安居工程的意见》)
1995 年 5 月 26 日	《国务院关于严格控制高档房地产开发项目的通知》	一是房地产建设规模仍然偏大。二是房地产投资结构不合理，有些地区和城市，高	严格控制高档房地产开发项目，进一步控制固定资产投资规模，合理调整投资结构，	1. 房地产建设审批方面，严格控制乃至不再批准高档房地产开发项目；对高档房地产项目的审批权限加以规定。 2. 资金管理方面，国家预算内投资不得用于高档房地产开发项目。

续表

时间	标志性文件	政策背景	政策目标	有关政策和措施
		级写字楼、花园别墅、度假村、高级公寓等项目已超过市场实际需求量，占压了资金；而用于居民住宅建设的资金不足，满足不了市场需要。一部分城市还由于拆迁量过大，安置不力，造成社会问题。	促进房地产业健康有序的发展。	3. 土地管理方面，严格执行《中华人民共和国土地管理法》、《中华人民共和国城市房地产管理法》的规定，加强房地产项目建设用地管理。土地出让收入作为专项基金，由财政部门纳入各级财政预算管理，实行财政预算管理，实行收支两条线、计划管理、专款专用。首先用于农业和重点项目，其余用于城市基础设施建设。 4. 加强对外商投资房地产建设的管理。
1998年7月3日	《国务院关于进一步深化城镇住房制度改革加快住房建设的通知》		停止住房实物分配，逐步实行住房分配货币化；建立和完善以经济适用住房为主的多层次城镇住房供应体系；发展住房金融，培育和规范住房交易市场。	1. 第一次提出了促使住宅业成为新的经济增长点，为之后的房地产市场繁荣奠定了基础。 2. 停止住房实物分配，逐步实行住房分配货币化；新建经济适用住房原则上只售不租，职工购房资金来源主要有：职工工资，住房公积金，个人住房贷款，以及有的地方由财政、单位原有住房建设资金转化的住房补贴等；全面推行和不断完善住房公积金制度；房价收入比（即本地区一套建筑面积为60平方米的经济适用住房的平均价格与双职工家庭年平均工资之比）在4倍以上，且财政、单位原有住房建设资金可转化为住房补贴的地区，可以对无房和住房面积人未达到规定标准的职工实行住房补贴。 3. 最低收入家庭租赁由政府或单位提供的廉租住房；中低收入家庭购买经济适用住房；其他收入高的家庭购买、租赁市场价商品

续表

时间	标志性文件	政策背景	政策目标	有关政策和措施
				住房。住房投资结构要调整为重点发展经济适用住房（安居工程），加快解决城镇住房困难居民的住房问题。售价实行保本微利原则。廉租住房可以从腾退的旧公有住房中调剂解决，也可以由政府或单位出资兴建。廉租住房的租金实行政府定价。 4. 从 1998 年下半年起，出售存量公有住房，原则上实行成本价，并与经济适用住房房价相衔接。要保留足够的公有住房供最低收入家庭廉价租赁。 5. 发展住房金融，扩大个人住房贷款的发放范围，取消对个人住房贷款的规模限制。
1998 年 7 月 14 日	《关于大力发展经济适用住房的若干意见》	贯彻落实《国务院关于进一步深化城镇住房制度改革加快住房建设的通知》。	建立适应社会主义市场经济体制和我国国情的住房供应体系，加快住房建设，促使住宅业成为新的经济增长点，不断满足中低收入家庭日益增长的住房需求。	1. 计划：依据本地的社会经济发展状况、人口、中低收入家庭的住房水平和市场需求以及建设用地可供数量情况（根据土地利用总体规划、城市总体规划和经济适用住房年度建设计划编制）。 2. 建设用地实行行政划拨方式供应。 3. 价格：参考因素有建设用地的征地和拆迁补偿、安置费；勘察设计和前期工程费；建安工程费；住宅小区基础设施建设费（含小区非营业性配套公建费）；以上 4 项之和为基数的 1% ~3% 的管理费；贷款利息；税金；3% 以下的利润。出售经济适用住房实行政府指导价。
1998 年 8 月 3 日	《关于进一步加快经济适用住房（安居工程）建设有关问题的通知》		加快经济适用住房（安居工程）建设，扩大国内需求，确保今年国民	1. 抓紧落实当年已下达的经济适用住房建设计划，并组织一批新的经济适用住房项目。 2. 调整了住房信贷条件。

续表

时间	标志性文件	政策背景	政策目标	有关政策和措施
			经济增长目标的实现，不断满足城镇中低收入职工家庭的住房需求。	3. 开发建设单位和个人住房申请贷款的办法和条件。
1999 年 4 月 6 日	《经济适用住房开发贷款管理暂行规定》		支持经济适用住房建设，维护借贷双方的合法权益。	借款人条件、贷款期限和利率、贷款程序、贷款担保和保险、贷款管理、罚则。
2002 年 11 月 28 日	《经济适用住房价格管理办法》		规范经济适用住房价格管理，促进经济适用住房健康发展。	1. 经济适用住房，是指纳入政府经济适用住房建设计划，建设用地实行行政划拨，享受政府提供的优惠政策，向城镇中低收入家庭供应的普通居民住房。 2. 主管部门：县级以上政府价格主管部门。 3. 定价原则：与城镇中低收入家庭经济承受能力相适应，以保本微利为原则，与同一区域内的普通商品住房价格保持合理差价。 4. 基准价格组成：开发成本、税金和利润。
2003 年 6 月 6 日	《关于下达 2003 - 2004 年经济适用住房建设投资计划的通知》			1. 经济适用房的性质认定：经济适用住房是具有保险性质的政策性住房，是解决中等偏下收入家庭住房的重要途径，也是扩大内需、拉动经济增长的重要政策之一。 2. 各级政府划拨用地建设经济适用住房项目，应采取公开招标，择优选择具备相应资质资信的开发企业负责进行开发建设。经济适用住房户型面积标准应严格限定为中小套型，要明确界定购买对象，建立申请、审批、公示制度。 3. 价格主管部门要加强对经济适用住房价格的管理。

续表

时间	标志性文件	政策背景	政策目标	有关政策和措施
2003年8月12日	《国务院关于促进房地产市场持续健康发展的通知》	房地产市场发展还不平衡，一些地区住房供求的结构性矛盾较为突出，房地产价格和投资增长过快；房地产市场服务体系尚不健全，住房消费还需拓展；房地产开发和交易行为不够规范，对房地产市场的监管和调控有待完善。	促进房地产市场持续健康发展。	1. 完善住房供应政策，调整住房供应结构，逐步实现多数家庭购买或承租普通商品住房；同时，根据当地情况，合理确定经济适用住房和廉租住房供应对象的具体收入线标准和范围，并做好其住房供应保障工作。 2. 住房供应方面，对经济适用住房，要切实降低经济适用住房建设成本，要严格控制在中小套型，严格审定销售价格，依法实行建设项目招投标；要根据市场需求，采取有效措施加快普通商品住房发展，提高其在市场供应中的比例；建立和完善廉租住房制度。要强化政府住房保障职能，切实保障城镇最低收入家庭基本住房需求；控制高档商品房建设。 3. 住房市场体系方面，继续推进现有公房出售；要严格执行停止住房实物分配的有关规定，认真核定住房补贴标准，完善住房补贴制度；认真清理影响已购公有住房上市交易的政策性障碍，鼓励居民换购住房，搞活二级市场。 4. 住房信贷方面，加大住房公积金归集和贷款发放力度，完善个人住房贷款担保机制，加强房地产贷款监管。 5. 土地规划与管理方面，制定住房建设规划和住宅产业政策；城市总体规划和近期建设规划中，要合理确定各类房地产用地的布局和比例，优先落实经济适用住房、普通商品住房、危旧房改造和城市基础设施建设中的拆迁安置用房建设项目，并合理配置市政配套设施；加强对土地市场的宏观调控。 6. 市场监管方面，完善市场监管制度；建立健全房地产市场信息系统和预警预报体系；整顿和规范房地产市场秩序。

续表

时间	标志性文件	政策背景	政策目标	有关政策和措施
2004年4月13日	《经济适用住房管理办法》			1. 经济适用住房，是指政府提供政策优惠，限定建设标准、供应对象和销售价格，具有保障性质的政策性商品住房。 2. 经济适用住房建设和经营中的行政事业性收费，减半征收；经济适用住房项目小区外基础设施建设费用，由政府负担。 3. 经济适用住房要严格控制在中小套型，中套住房面积控制在80平方米左右，小套住房面积控制在60平方米左右。 4. 经济适用住房在取得房屋所有权证和土地使用证一定年限后，方可按市场价上市出售。
2006年5月24日	《国务院办公厅转发建设部等部门关于调整住房供应结构稳定住房价格意见的通知》	房地产领域的一些问题尚没有得到根本解决，少数城市房价上涨过快，住房供应结构不合理矛盾突出，房地产市场秩序比较混乱。	调整住房供应结构、稳定住房价格。	1. 调整住房供应结构方面，制定和实施住房建设规划，重点发展满足当地居民自住需求的中低价位、中小套型普通商品住房；2006年6月1日起，凡新审批、新开工的商品住房建设，套型建筑面积90平方米以下住房（含经济适用住房）面积所占比重，必须达到开发建设总面积的70%以上。 2. 发挥税收、信贷、土地政策的调节作用，稳定住房价格，具体包括调整住房转让环节营业税、严格房地产开发信贷条件、有区别地适度调整住房消费信贷政策、优先保证中低价位、中小套型普通商品住房（含经济适用住房）和廉租住房的土地供应以及加大对闲置土地的处置力度。 3. 合理控制城市房屋拆迁规模和进度。 4. 加强房地产开发建设全过程监管，整治房地产交易环节违法违规行为。

续表

时间	标志性文件	政策背景	政策目标	有关政策和措施
				5. 稳步扩大廉租住房制度覆盖面；完善经济适用住房制度，解决建设和销售中存在的问题，真正解决低收入家庭的住房需要；积极发展住房二级市场和房屋租赁市场。 6. 建立健全房地产市场信息系统和信息发布制度，增强房地产市场信息透明度。要完善市场监测分析工作机制；引导广大群众树立正确的住房消费观念，对提供虚假信息、恶意炒作、误导消费预期的行为，要严肃处理。
2007年8月7日	《国务院关于解决城市低收入家庭住房困难的若干意见》	城市廉租住房制度建设相对滞后，经济适用住房制度不够完善，政策措施还不配套，部分城市低收入家庭住房还比较困难。	以城市低收入家庭为对象，进一步建立健全城市廉租住房制度，改进和规范经济适用住房制度，加大棚户区、旧住宅区改造力度，力争到“十一五”期末，使低收入家庭住房条件得到明显改善，农民工等其他城市住房困难群体的居住条件得到逐步改善。	1. 关于廉租房 保障范围：2007年底前，所有设区的城市要对符合规定住房困难条件、申请廉租住房租赁补贴的城市低保家庭基本做到应保尽保；2008年底前，所有县城要基本做到应保尽保。“十一五”期末，全国廉租住房制度保障范围要由城市最低收入住房困难家庭扩大到低收入住房困难家庭；2008年底前，东部地区和其他有条件的地区要将保障范围扩大到低收入住房困难家庭。 保障方式：实行货币补贴和实物配租等方式相结合，主要通过发放租赁补贴。 房源：要采取政府新建、收购、改建以及鼓励社会捐赠等方式增加廉租住房供应。 房屋标准：50平方米以内，主要在经济适用住房以及普通商品住房小区中配建。 资金来源：地方财政、住房公积金增值收益、土地出让净收益的10%以上。 2. 关于经济适用房 供应对象：城市低收入住房困难家庭，并与廉租住房保障对象衔接。

续表

时间	标志性文件	政策背景	政策目标	有关政策和措施
				房屋标准：60 平方米以内。 3. 其他住房困难群体 加快集中成片棚户区的改造、积极推进旧住宅区综合整治、多渠道改善农民工居住条件。
2007 年 11 月 19 日	《经济适用住房管理办法》		改进和规范经济适用住房制度，保护当事人合法权益。	1. 经济适用住房，是指政府提供政策优惠，限定套型面积和销售价格，按照合理标准建设，面向城市低收入住房困难家庭供应，具有保障性质的政策性住房。 2. 经济适用房政策制定、计划与管理的主体：各级建设行政部门与房地产行政主管部门。 3. 受众：城市低收入家庭。 4. 《经济适用住房价格管理办法》中作为成本的基础设施建设费、行政事业性收费用由政府负担或者免收。 5. 房屋标准：建筑面积控制在 60 平方米左右。 6. 建设管理：采取项目法人招标的方式，也可以由市、县人民政府确定的经济适用住房管理实施机构直接组织建设，应注重发挥国有大型骨干建筑企业的积极作用。 7. 价格：以保本微利为原则，房地产开发企业实施的经济适用住房项目利润率按不高于 3% 核定；市、县人民政府直接组织建设的经济适用住房只能按成本价销售，不得有利润。 8. 准入和退出管理：经济适用住房供应实行申请、审核、公示和轮候制度。经济适用住房购房人拥有有限产权。 9. 单位集资合作建房是经济适用住房的组成部分，任何单位不得利用新征用或新购买土地组织集资合作建房；各级国家机关一律不得搞单位集资合作建房。单位集资合作建房不得向不符合经济适用住房供应条件的家庭出售。

续表

时间	标志性文件	政策背景	政策目标	有关政策和措施
2008 年 3 月 3 日	《财政部、国家税务总局关于廉租住房和住房租赁有关税收政策的通知》		促进廉租住房、经济适用住房制度建设和住房租赁市场的健康发展。	1. 支持廉租住房、经济适用住房建设的税收政策； 2. 支持住房租赁市场发展的税收政策。

佘　宇　执笔

第二章　中央政府的意愿供给与地方政府的实际供给

我国经济适用住房政策的演进过程具有强制性制度变迁①的特征：一是路径具有激进性，中央为了改革住房制度、满足居民住房要求，主动设计和安排了经济适用住房政策并依靠强制力推行，具有明显激进性质；二是制度变迁有效性低，由于这种政策设计可能违背了一致性同意原则，而在某种意义上这一原则是经济效率的基础。中央强制运作与地方利益并不完全一致，地方也绝非无条件遵循，有些地方甚至出现“上有政策，下有对策”的现象。

同时，中央在推行经济适用住房政策过程中又把决策权下放，赋予地方“因地制宜”制定并推广经济适用住房政策的权力。虽然这一方面有利于调动地方积极性，制定更加符合实际的政策；另一方面也有利于减少管理层级，减少管理成本，从而增加社会福祉。但是，由于信息不对称以及监管机制的缺乏，权力下放往往造成经济适用住房建设更多受到地方利益的制约，不仅各地经济适用住房建设规模迥异，建设规模也远远低于中央要求。

地方缺乏建设经济适用住房的积极性，主要在于土地收益日益成为其首要财源，而经济适用住房建设需要政府行政划拨用地，这意味着会损失大量土地收益。作为独立的经济主体及理性的“经济人”，在土地资源稀缺和需求刚性

---

① 根据新制度经济学的看法，强制性制度变迁是指由政府法令引起的变迁，其变迁的主体是国家或政府。强制性制度变迁的有效性受许多因素的制约，其中主要有：统治者的偏好和有限理性、意识形态刚性、官僚政治、集团利益冲突和社会科学知识的局限性、国家的生存危机等。国家经过努力可能降低一些不利因素对制度变迁的影响，但是并不能克服其他不利因素对制度变迁的约束（卢现祥：《西方新制度经济学》，中国发展出版社 2003 年版，第 110 ~ 112 页）。

的情况下，地方将土地用于商品房建设以获得巨额土地出让金，无疑是最理性的选择。但同时，地方也是中央政策的执行机构和地方事务的管理者，无论是执行中央政策还是保障民生、维护稳定，又不得不推行经济适用住房政策。这一双重属性使得地方在落实经济适用住房政策过程中，并非完全遵循中央政策设计，而是根据地方实际做出相应调整。

一、地方政府缺乏建设的积极性

中央推行经济适用住房政策的初衷，一方面是为了保障低收入家庭居住权，深化住房市场化、商品化改革；另一方面是为了解决 1997 年东南亚金融危机后的国内经济发展放缓、内需不足的问题。经济适用住房政策推出的最初几年，中央对经济适用住房的建设进行了规划，地方一般把其当成政治任务来完成，初期还能较好地完成规定的开发计划。但是，随着土地财政发展和政府负担进一步加重，经济适用住房政策很快陷入发展困境，地方建设经济适用住房的积极性严重不足。

1998 ~ 2004 年，中央累计下达了至少 7 批、共计 11. 74 亿平方米的经济适用住房建设指导计划。其中，1998 ~ 2003 年累计下达经济适用住房建设投资计划 10. 47 亿平方米，相当于同期全国城镇新建住房面积的 32% 。但是，实际完成的经济适用住房建设面积大约只有 4. 77 亿平方米①，仅占计划的 45% 。地方之所以缺乏经济适用住房建设的积极性，主要在于以下两方面的原因。

1. 土地收益的重要性日益凸显

2002 年 5 月 9 日国土资源部签发 11 号文件《招标、拍卖、挂牌出让国有土地使用权规定》，要求从当年 7 月 1 日起，商业、旅游、娱乐和商品住宅等

---

① 赵燕军："REICO 报告建议：调整经济适用住房政策"，《观察》，2005 年第 10 期。

各类经营性用地，必须以招标、拍卖或者挂牌方式进行交易。随着这一文件的出台，我国停止了沿用多年的土地协议出让方式，这一方面可以防止传统方式可能带来的寻租等弊端，另一方面也让地方看到土地的巨大经济价值。

在此背景下，许多地方相继提出了“经营城市”的发展战略。地方所掌握的最大资源就是土地，因此，土地也理所当然成为“经营城市”的重要手段和工具。通过控制土地出让的数量以及招投标，地方可从中获得尽可能多的土地出让金，并借此实现其在基础设施方面的投资。由于我国正处于工业化、城市化迅速发展阶段，对土地的需求越来越多，而土地资源供给极具刚性，因此城市土地也就变得越来越稀缺。

土地出让金对于地方财源的重要性可以通过以下一系列数据说明。2001年《招标、拍卖、挂牌出让国有土地使用权规定》出台以前，土地出让金占地方财政收入的比重仅为16.61%，随着2002年该规定出台和经营城市的发展战略出现，地方土地出让金逐年增加，由2001年的1295.89亿元增加到2010年的29109.94亿元，增长了22.46倍，土地出让金占地方财政收入的比重也显著增加，自2003年起基本稳定在50%左右，2010年高达71.68%，土地出让收入成为地方主要财源。

表2.1　　土地出让金与地方财政收入

年份	土地出让金（亿元）	地方财政收入（亿元）	土地出让金增幅（%）	土地出让金占地方财政收入比例（%）
2001	1295.89	7803.30	—	16.61
2002	2416.79	8515.00	86.50	28.38
2003	5421.00	9849.98	124.31	55.04
2004	6412.00	11893.37	18.28	53.91
2005	5884.00	15100.76	-8.23	38.96
2006	7676.89	18303.58	30.47	41.94
2007	11947.95	23572.62	55.64	50.69
2008	9600.00	28649.79	-19.65	33.51
2009	15910.20	32581.00	65.73	48.83
2010	29109.94	40609.80	82.96	71.68

注：2010年数据来源于“关于2010年中央和地方预算执行情况与2011年中央和地方预算草案的报告”，其中，土地出让金数据来源于国土资源部及媒体公开报道，地方财政收入数据来源于国家统计局。

以北京市为例，2008 年土地出让金收入为 502.7 亿元，2009 年为 928 亿元，2010 年达到 1636.72 亿元[①]，同比增长 76.37%，达到历史最高水平。2010 年北京市财政收入为 2353.9 亿元[②]，土地出让金占比 69.53%，已成为财政收入最主要来源。

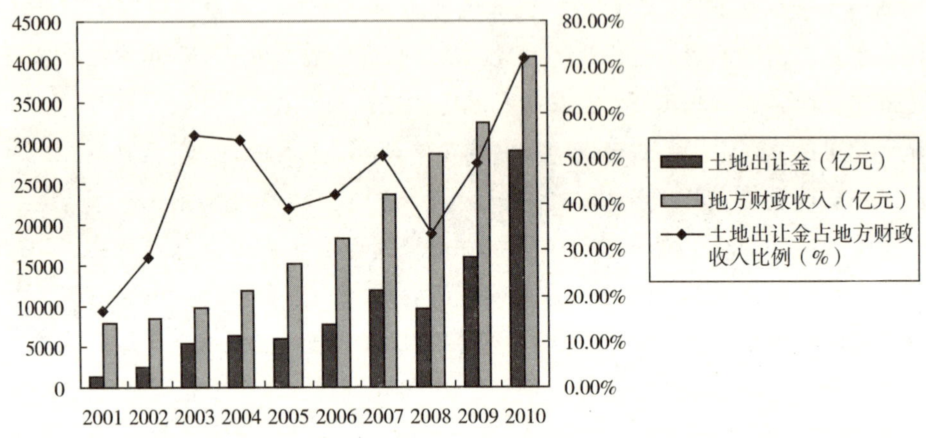

图 2.1 土地出让金占地方财政收入的比重

资料来源：根据国家统计局、国土资源部资料整理。

土地收益成为地方主要财源增加了落实经济适用住房政策的难度。经济适用住房政策旨在造福中低收入者，建设用地通过行政方式无偿划拨并减免征收 21 项行政税费，而土地出让金和税费恰恰是地方收入的重要来源，这使得经济适用住房政策与地方政府努力增加财政收入的动机形成对立。受自身利益驱动，地方大幅度减少经济适用住房建设供地量，有的甚至变相停止经济适用住房建设计划。

据统计，2004 年全国住宅投资 8837 亿元，比上一年增长 28.7%。其中，经济适用住房投资 606 亿元，比上年减少 2.5%，是 2002 年以来的首次负增长，2005 年 1～5 月，经济适用住房投资同比下降了 16.7%[③]。

---

① 资料来源："北京今年土地出让金破 1600 亿"，《京华时报》，2010 年 12 月 31 日。

② 资料来源：2010 年北京市统计年鉴。

③ 张启振："谈经济适用住房建设的政策规制"，《商业时代》，2006 年第 28 期。

2. 经济适用住房的建设加重地方财政负担

建设开发经济适用住房对政府的财政负担主要体现在两个方面：第一，政府因经济适用住房建设而损失土地和税费收入，以及土地升值利润；第二，政府对经济适用住房建设、审批、交易等各环节进行监管而产生的各种监管成本。除了绝对成本投入大以外，经济适用住房成本收益极不均衡，其保障性目标未能有效实现，这也增加了经济适用住房的“不经济”。

（1）建设经济适用住房的直接成本——土地和税费收入

经济适用住房的直接成本可以分为两部分：一是政府直接的财政投入。以北京市为例，1999～2010年共完成经济适用住房投资860.5亿元，完成销售面积2066.6万平方米。二是经济适用住房建设的机会成本，即政府因此减少的土地和税费收入①。例如，北京市2010年的平均楼面地价约为7320元/平方米，经济适用住房的销售面积为49.5万平方米，以此估算北京市当年建设经济适用住房的机会成本至少达到36个亿。

表2.2　　2002～2010年北京市经济适用住房的机会成本

年份	经济适用住房的销售面积（万平方米）	单位面积的机会成本（元/平方米）	经济适用住房的机会成本（亿元）	财政收入（亿元）	经济适用住房的机会成本占财政收入比例（%）
2002	220.7	636	14	600.96	2.33
2003	320.0	1625	52	665.94	7.81
2004	306.3	2020	62	830.03	7.47
2005	304.0	2806	85	1007.35	8.44
2006	176.3	3376	60	1235.78	4.86
2007	100.1	3484	35	1882.04	1.86
2008	108.3	3779	41	2282.04	1.80

① 这部分成本没有直接数据，可根据土地成交价款进行估算，即：经济适用住房的机会成本＝单位面积的机会成本×销售面积；单位面积的机会成本＝平均楼面地价＝土地成交价款/规划建筑面积。这部分的成本越高，政府建设经济适用住房的积极性越低。

续表

年份	经济适用住房的销售面积（万平方米）	单位面积的机会成本（元/平方米）	经济适用住房的机会成本（亿元）	财政收入（亿元）	经济适用住房的机会成本占财政收入比例（%）
2009	82.2	5724	47	2678.77	1.75
2010	49.5	7320	36	3810.90	0.94

注：单位面积的机会成本（即平均楼面地价）根据北京市有关部门、相关研究报告及媒体公开报道整理，经济适用住房的销售面积、财政收入根据历年北京市统计年鉴整理。

图 2.2 反映的是北京市经济适用住房的机会成本占财政收入的历年比例。其中，2003 ~2005 年此项机会成本占财政收入的比例基本在 8% 左右（2005 年达到最高的 8.44%）。此后，由于经济适用住房销售面积的逐年减少，此项机会成本也随之降低，其所占财政收入的比例在 2006 年大幅下降到 5% 以下，2007 年起更是降至 2% 以下（2010 年跌至最低的 0.94%）。

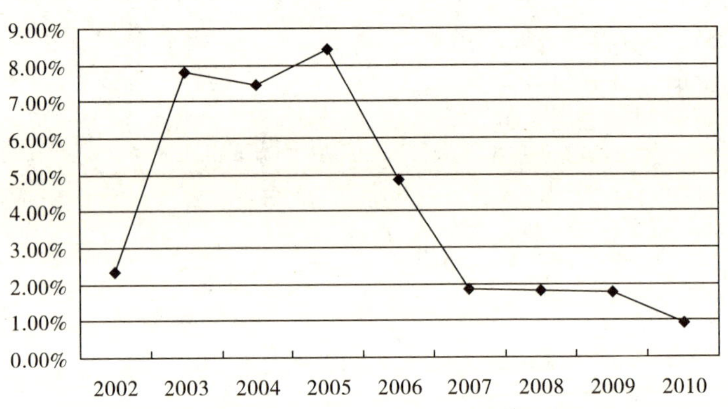

图 2.2　北京市经济适用住房的机会成本占财政收入的比例

在工业化、城市化快速发展，教育、医疗、社保等民生领域的投入需求不断提高的情况下，经济适用住房的投入对地方而言是一笔不小的开支，且经济适用住房建设投入大但收效不明显。同时，不少经济适用住房原买主把政府补贴而产生的所谓升值空间通过上市套利，也严重损害了地方建设经济适用住房的积极性，从而使地方对经济适用住房投入的绝对额和财政支出占比逐年降低。

表 2.3　　1999 ~ 2010 年北京市经济适用住房的财政投资

年份	北京市经济适用住房销售面积（万平方米）	经济适用住房的财政投资（亿元）	北京市财政支出（亿元）	经济适用住房的财政投资占财政支出比例（%）
1999	45.8	37.1	398.5	9.31
2000	168.2	48.0	490.3	9.79
2001	185.2	71.8	614.9	11.68
2002	220.7	89.8	684.0	13.13
2003	320.0	92.2	809.3	11.39
2004	306.3	98.0	974.1	10.06
2005	304.0	65.8	1137.3	5.79
2006	176.3	81.1	1411.6	5.75
2007	100.1	53.8	2067.7	2.60
2008	108.3	54.0	2400.9	2.25
2009	82.2	100.9	2820.9	3.58
2010	49.5	67.9	4065.0	1.67

资料来源：根据历年北京市统计年鉴整理。

图 2.3 反映的是北京市经济适用住房的财政投资占财政支出的历年比例。其中，1999 ~ 2004 年此项投资占财政支出的比例基本在 10% 左右（2002 年达到最高的 13.13%），2005 年开始大幅下降到 6% 以下，2007 年更是下降到 3% 以下（虽然 2009 年回升到 3.58%，但 2010 年又跌至 1.67%）。

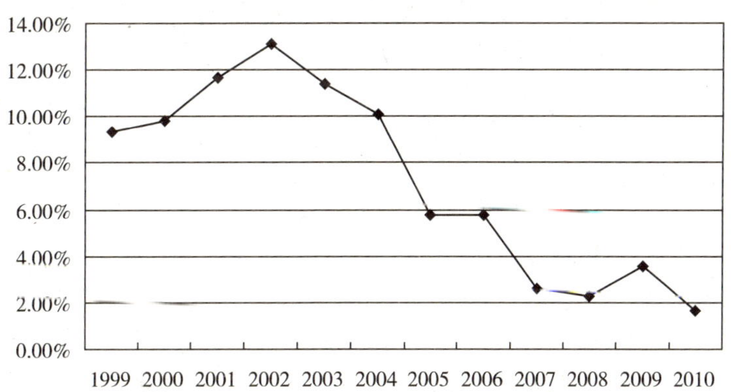

图 2.3　北京市经济适用住房的财政投资占财政支出的比例

经济适用住房建设过程中，政府的直接投资和减免的土地出让收入以及相关的行政事业性收费，共同构成地方落实经济适用住房政策的直接成本。由于土地出让金和相关税费都是地方财源，因此，地方建设经济适用住房的积极性并不高，大多数地方实际投入规模过小。

（2）建设经济适用住房的间接成本——实际收益不明显

经济适用住房政策成本高昂问题主要不是指成本绝对量投入过大，而是成本收益极不对称。经济适用住房的收益应体现在其保障目标的实现，即让有限的投入最大程度地为符合条件的居民提供住房保障。但是，经济适用住房的实际政策效果却并不尽如人意。

第一，开发商借经济适用住房牟利。按现行的操作模式，经济适用住房交由开发商建设，政府给予优惠，并限价格、限利润。由于成本等信息不透明，开发商可以通过虚构成本、扩大建设面积等取得不合理利润，政府的优惠相当部分被开发商占有。

第二，投机者利用经济适用住房投资。由于经济适用住房享受了政策优惠，比商品房价格低，不少并不属于保障对象的人利用各种手段抢购经济适用住房，更有投机者炒买炒卖，哄抬价格从中牟利，使经济适用住房的终端消费者付出过高的代价，这又使政府投入相当大的部分流失到少数投机者手中。

第三，开发商从追求利润出发，热衷于造大面积的房子，使单套房总价过高，忽视公共设施建设，加上经济适用住房大多集中建设在比较偏远区域，造成“经济适用住房既不经济、又不适用”。

第四，经济适用住房的补贴具有一次性。由于没有建立受助家庭的退出机制，售出以后，无论购房者经济条件是否好转，是否具备购买商品房的实力，都无法收回这一补贴。由于政府投入难以收回，经济适用住房也就丧失了多次循环用于住房保障的功能。

二、地方政府对中央政策的调整

地方在综合权衡中央政策与自身利益以后，会对经济适用住房政策做出一定的调整。这种调整，一方面是将中央政策地方化，丰富了经济适用住房政策的执行形式；另一方面是将政策不断细化，使其更具有操作性与执行性。以北京市为例，其对中央政策的调整主要体现在四个方面：一是供应对象范围不断缩小，由中低收入家庭到低收入家庭，再到定向供应给城市拆迁户；二是管理思路的调整，由只售不租到租售并举，再到以租为主的转变；三是退出机制的调整，由上市交易到开始尝试政府回购；四是推出新的保障性住房政策，2006年推出限价房，2009年推出公租房。

1. 供应对象的调整：不断缩小、定向供应

北京市经济适用住房政策的供应对象具有身份标准与收入标准相结合的特征，随着这一政策的发展，身份标准有所弱化，收入标准逐渐成为经济适用住房申购的主要标准。从2005年开始，北京市经济适用住房实行定向供应，这使其性质发生了转折性改变。

中央在设计经济适用住房政策时，主要考虑受助家庭的收入标准，而北京市在落实这一政策过程中，为了减轻改革阻力和照顾重点人群，在供应对象的确定上加入身份标准，符合特定身份的群体无需核定收入即可申购经济适用住房。

1998年7月《国务院关于进一步深化城镇住房制度改革加快住房建设的通知》中提出，要建立和完善以经济适用住房为主的住房供应体系，对不同收入家庭实行不同的住房供应政策。经济适用住房的供应对象是中低收入家庭，而住房供应政策具体办法，由市（县）人民政府制定。在2004年颁布的《经济适用住房管理办法》和2007年新修订的《经济适用住房管理办法》分别对经济适用住房的供应对象做出了较为详细的规定，主要有三个要求，即具有当地城镇户口、住房困难、家庭收入符合标准，而具体的收入标准由市（县）政府自主划定。2007年的管理办法删除了2004年的管理办法中经济适用住房的申请者可以是“市、县人民政府确定的供应对象”① 的说法。

① 资料来源：2004年《经济适用住房管理办法》，第二十条。

由此可见，2004年的《经济适用住房管理办法》在供应对象方面给予了市（县）人民政府更多的自主权，在符合国家基本规定的情况下市（县）可以划定收入线标准、确定供应对象；而2007年的《经济适用住房管理办法》中，市（县）人民政府只能制定家庭收入标准和住房困难标准，但无权自主确定供应对象。这在一定程度上反映出中央将经济适用住房的部分权力从地方收回。北京市在遵循中央政策基础上，根据地方实际对政策做出细化的规定与调整。

表2.4 北京市文件对经济适用住房供应对象的规定

北京市文件	供应对象规定	分析
1999年9月1日《北京市进一步深化城镇住房制度改革加快住房建设实施方案》	收入规定：中低收入家庭。 身份规定：国家公务员、教师、科技人员、事业单位和国有企业职工。	身份标准与收入标准并存
2000年12月29日《关于北京市城镇居民购买经济适用住房有关问题暂行规定》	申请购房的本市城镇居民须是无房户或现住房面积未达到本市规定的住房补贴面积标准的未达标户。 收入规定：2001年以前规定能购买经济适用住房的家庭收入规定（6万元）、2002年（含）以后年份，本市城镇居民购房的家庭收入标准由市政府有关部门公布。 身份规定：夫妇双方为机关工作人员或教师的家庭、市政府批准的重点工程建设中的被拆迁居民家庭和政府实施危旧改造项目异地安置的居民家庭，不需核定家庭收入。	身份标准与收入标准并存，身份标准有所调整，增加了被拆迁居民的部分
2007年9月25日《北京市经济适用住房管理办法（试行）》	户籍年限、年龄标准：申请人须取得本市城镇户籍时间满3年，且年满18周岁，单身家庭的申请人须年满30周岁，申请家庭人均住房面积、家庭收入、家庭资产符合规定的标准。 优先配售：其中划拨经济适用住房建设用地涉及的被拆迁家庭、重点工程建设涉及的被拆迁家庭、旧城改造和风貌保护涉及的外迁家庭以及家庭成员中含有60周岁以上（含60周岁）老人、严重残疾人员、患有大病人员、优抚对象、复员军人等住房困难家庭可优先配售。	年龄标准与收入标准并存，户籍有了最低年限要求，身份标准作为优先配售的依据

概言之，北京市经济适用住房的供应对象经历了一个不断调整的过程，身份标准从有到无，年龄标准从无到有，收入标准也根据经济社会发展状况不断

调整，具体体现在以下四个方面。

（1）身份标准弱化

北京市在国家规定的收入标准基础上，规定了身份标准。国家在最开始制定经济适用住房政策时，主要考虑的是申请人收入问题，但赋予了市、县政府一定的自主权，地方有权确定供应对象范围。北京市在 1999 年明确规定“经济适用住房的供应对象为国家公务员、教师、科技人员、事业单位和国有企业职工及其他中低收入家庭”，在国家规定的“中低收入家庭”标准之上，新增了身份标准，对公务员在内的五类人群予以特殊照顾。2000 年这一身份标准变为“夫妇双方为机关工作人员或教师的家庭，被拆迁居民家庭和政府实施危旧房改造项目异地安置的居民家庭”。

2007 年《北京市经济适用住房管理办法（试行）》中，身份标准不再作为经济适用住房的申购依据，但是特定人群可以享有优先配售，包括划拨经济适用住房建设用地涉及的被拆迁家庭、重点工程建设涉及的被拆迁家庭、旧城改造和风貌保护涉及的外迁家庭以及家庭成员中含有 60 周岁以上（含 60 周岁）老人、严重残疾人员、患有大病人员、优抚对象、复员军人等住房困难家庭。

北京市对于身份标准的规定，主要有两个政策意图：一是维护重点人群的权益，公务员、事业单位与国企职工所从事的工作，本身与政府密切相关，政府在利益分配时也相应给予一定照顾，而教师与科技人员从事的行业具有特殊性，对经济社会发展意义重大，因此也享受到了政府的政策优惠；二是减少改革阻力，公务员在内的五类重点人群在住房改革之前往往都能享受到福利分房，而住房商品化终结了福利分房制度，在经济适用住房申购上对他们的优惠待遇体现了房改初期的过渡需要，有利于减轻改革阻力，而对被拆迁居民的优先照顾有利于经济适用住房建设的顺利进行和社会稳定的维护。

经济适用住房政策的设计初衷是解决中低收入家庭的住房问题，北京市对于身份标准的规定，本身并不符合中央要求。公务员、国有企业职工并不一定是住房困难家庭，对他们的政策倾斜挤占了本应属于中低收入人群的福利，扭曲了原本的政策意图，反映出分配中的特权意识，造成了新的社会不公。所以随着住房改革逐步纳入正轨，身份标准也逐步被取消，不再作为申购经济适用住房的依据。

（2）收入标准调整

表 2.5　　北京市城八区城市居民购买经济适用住房准入标准

家庭人口	家庭年收入	人均住房使用面积	家庭总资产净值
1 人	22700 元及以下	$10m^2$ 及以下	24 万元及以下
2 人	36300 元及以下	$10m^2$ 及以下	27 万元及以下
3 人	45300 元及以下	$10m^2$ 及以下	36 万元及以下
4 人	52900 元及以下	$10m^2$ 及以下	45 万元及以下
5 人及以上	60000 元及以下	$10m^2$ 及以下	48 万元及以下

2001 年以前规定能购买经济适用住房的家庭年收入须为 6 万元以下。2007 年 11 月 5 日，北京市建委等颁布了《北京市廉租住房、经济适用住房家庭收入、住房、资产准入标准》，规定了北京市城八区城市居民购买经济适用住房家庭收入、住房、资产准入标准，各远郊区县参照通知精神，结合各自区县的实际情况制定相应保障住房准入标准，并颁布执行。

（3）户籍标准严格、年龄标准增加

2007 年 9 月 25 日《北京市经济适用住房管理办法（试行）》调整了户籍标准与年龄标准，申请人"须取得本市城镇户籍时间满 3 年"，"年满 18 周岁，单身家庭的申请人须年满 30 周岁"。

《北京市经济适用住房管理办法（试行）》出台以前，在户籍方面只要求具有北京市城镇户口。在户籍要求的基础上增加最低年限限制，并要求取得本市城镇户籍满 3 年，这样安排的主要政策意图在于缓解经济适用住房尖锐的供需矛盾。

1978 年以来，北京市户籍人口经历了一个比较大的增长过程，由 1978 年的 849.7 万人增加到 2009 年的 1245.8 万人，增长了 46.6%，1998 年实行经济适用住房政策以来，增加了 14.14%。户籍人口的快速增加，使得符合经济适用住房申购标准的家庭也越来越多。而经济适用住房的供给远未达到最初"在住房供给中占 80%"的政策设想，经济适用住房的施工面积仅占商品房施工面积的8%左右，远远低于供给标准要求，北京市经济适用住房供需失衡的情况非常严重。对户籍资格3年的限制，有利于将新入北京籍的家庭的购房需求延后，在一定程度上减轻目前经济适用住房供应压力。但是，这种安排只能对供不应求状况起到一定的缓解作用，而非治本之策。

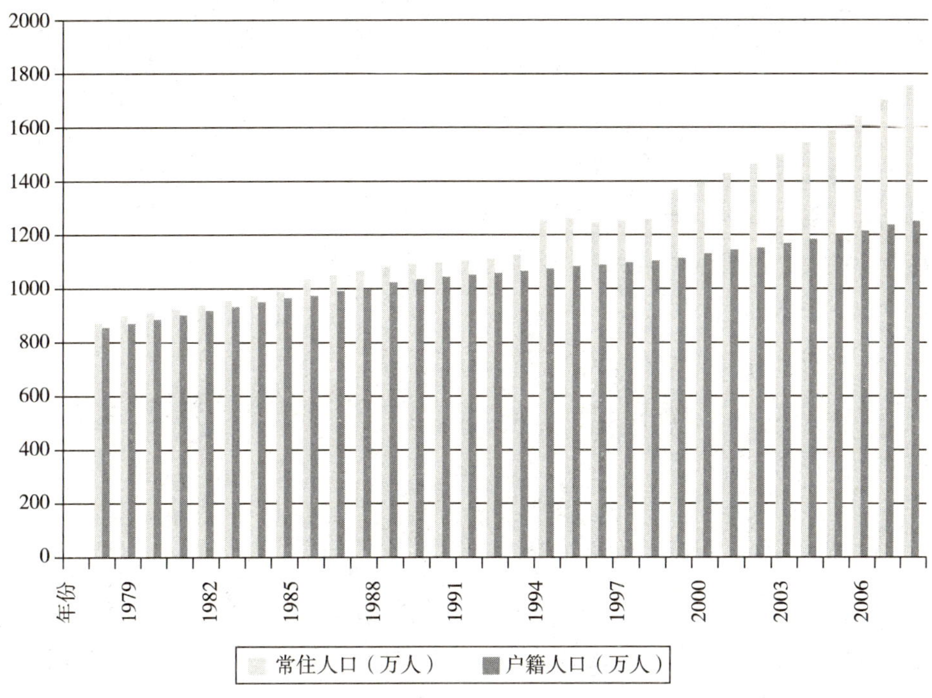

图 2.4 北京市户籍人口与常住人口数量

资料来源：根据2010年北京市统计年鉴整理。

对年龄的要求也是从2007年开始规定："单身家庭的申请人需年满30周岁"。这一标准的提出，实际上也是尖锐供需矛盾下的无奈之举，中央文件中并没有法律依据，地方在供应对象的确定上虽然享有一定的自主权，但是这种自主权仅限于自主划定受助家庭的"收入标准"①，北京市对经济适用住房申请者的年龄进行限制，在一定程度上超出了中央规定的权限，受到诸多质疑，尤其是许多不满30岁、等着购房结婚的单身申购人，都被排除在政策之外。

① 资料来源：《经济适用住房管理办法》，2007年。

(4) 定向供应趋势明显

“十一五”规划期间，北京市建委出台新政策规定，为解决大量拆迁户居住问题，将对经济适用住房实行定向销售，即优先照顾城区拆迁户。这主要是因为“十一五”期间北京市危改、文保和市政建设、奥运场馆建设、城中村整治等造成的拆迁居民量比较大，对他们的住房保障关乎社会稳定。具体实施办法是由市建委把经济适用住房总量“切块”，分给各个城区，各区拆迁人员登记接受购买资格审核，以区为单位组织统一销售。

虽然定向销售并未排除社会“散购”的可能性，但由于经济适用住房资源极其有限，甚至不能满足拆迁户的需要，因此，很难再有富余资源面向非拆迁户。根据北京市城市新规划，2020 年将只有 10% 的北京人住在旧城，仅二环路以内就需外迁 55 万人。以目前城镇居民人均住房建筑面积约为 24 平方米计算，这意味着仅解决二环内的拆迁户就需 1300 万平方米左右住房，而北京市到 2008 年计划才有 800 万平方米经济适用住房，供不应求问题在定向销售以后依然存在。

2. 供给方式的调整：租售并举[①]

1998 年经济适用住房政策确立之初，实行的是“只售不租”。2004 年起，中央政策开始松动，提出鼓励经济适用住房租售并举，但并未提出具体的租售比例。这一松动反映了经济适用住房运作方式的突破和管理思路的根本变化，即由一次性补贴转向循环利用，为经济适用住房政策的发展开辟了新途径。

2004 年颁布的《经济适用住房管理办法》首次提出鼓励经济适用住房实行“租售并举”的原则。2006 年“国六条”出台后，“租售并举”政策得到有力推广。北京市则在中央政策的基础上更进一步，出台专门文件加以落实。例如，《北京市住房建设规划（2006～2010 年）》中指出，要逐步转变经济适

---

① 所谓租售并举，是指政府将经济适用住房部分用于出售，部分用于出租，或者在用于出售的经济适用住房中，可以根据房屋购买者的经济实力，先支付一部分资金，剩余的部分采用租赁的方式，这样就形成了与政府的“共有产权”，政府根据其在经济适用住房开发中投入的土地价格、税费、建设费用、管理费用等金额确定所持有的产权份额（吴曦：“从‘只售不租’到‘租售并举’——谈经济适用住房政策的变革”，《政策》，2007 年 6 月）。

用住房的供应模式，由销售为主①过渡到租售并举，将租售比提高到1∶4左右。未来四年还要开发租赁型经济适用住房，通过租赁型经济适用住房、存量住房和公有住房资源的整合，积极探索建立政策性租赁住房体系，用于解决“夹心层”、引进人才、处于婚育阶段年轻人等人群的住房问题。

在经济适用住房政策的确立初期，中央的思路是“只售不租”。北京市于2006年率先开始“租售并举”试点，江苏、深圳、成都、武汉等省市也开始这一探索。在《北京市住房建设规划（2006～2010年）》中明确规定了1∶4的租售比例，而其他地区的“租售并举”还缺少政策文件的支持。由“只售不租”到“租售并举”的调整，主要是因为中低收入家庭经济适用住房的购买支付能力不足。

表2.6　　　　2011年北京市在售经济适用住房楼盘信息

楼盘名称	均价（元/m²）	所在区域	总价（元/80m²）
西红门经济适用住房项目	4792	大兴区	383360
宋家庄经济适用住房项目	4369	丰台区	349520
彩虹嘉园项目	4980	丰台区	398400
金隅燕山水泥厂项目	6500	石景山	520000

资料来源：“北京各区限价房源盘点”，http://house.focus.cn/ztdir/house_xianjiafang/index.php。

从上述楼盘信息可以看出，北京市目前经济适用住房项目主要集中在丰台、大兴等区，单价维持在5000元/m²左右，若按照每套80平方米计算，每套总价在40万元左右。根据北京市经济适用住房的申请标准，以三口之家为例，年收入应该在45300元及以下，若三口之家购得一套80平方米的经济适用住房，所形成的房价收入大于8.8∶1，远高于世界银行5∶1的标准和联合国3∶1的标准。

从支付能力方面来看，“只售不租”调整为“租售并举”主要是基于以下考虑：第一，近几年来，中等及中等以下收入的家庭的经济适用住房价格收入

① 1999年9月1日，中共北京市委、北京市人民政府颁布了《北京市进一步深化城镇住房制度改革加快住房建设实施方案》，其中规定了经济适用住房只售不租的政策：“停止住房实物分配后，新建经济适用住房和腾退的可售公有住房，除用于廉租住房外，原则上只售不租”。

比普遍偏高，对经济适用住房的支付能力不足；第二，随着时间的推移，中等及中等以下收入家庭对经济适用住房的支付能力逐渐下降。“只售不租”会使许多中低收入家庭望而却步，达不到其政策效果；而“租售并举”则可使符合保障资格的家庭根据自身经济条件选择租赁或者购买经济适用住房，从而充分保护那些既不符合廉租房保障范围、又买不起经济适用住房的家庭的居住权。因此，“租售并举”有利于扩大经济适用住房的实际保障面。

3. 退出管理的调整：内循环模式①

1998 年之前我国缺少对经济适用住房的退出管理。1998 年后的很长一段时间，经济适用住房一直采用自愿退出的方式，且可以上市交易，只不过存在一定的年限限制，并需补缴土地出让金与土地收益。具体的规定与发展历程详见表 2.7。

表 2.7　国家文件对于经济适用住房上市交易的相关规定

文件名称	自愿退出的制度安排	分析
1998 年国务院《关于进一步深化城镇住房制度改革加快住房建设的通知》	第十三条：稳步开放已购公有住房和经济适用住房的交易市场。已购公有住房和经济适用住房上市交易实行准入制度。	有条件上市原则：确立了退出管理的方式，允许经济适用住房有条件上市。 自愿退出原则：经济适用住房的“退出”必须基于购买者的“要求”和“申请”，并补缴土地出让金等费用。
2004 年《经济适用住房管理办法》	第二十六条：经济适用住房在取得房屋所有权证和土地使用证一定年限后，方可按市场价上市出售；出售时，应当按照届时同地段普通商品住房与经济适用住房差价的一定比例向政府交纳收益。	补交土地收益：除了补缴土地出让金等费用，已购经济适用住房上市的家庭还必须向政府交纳一定比例的收益。反映了地方政府可以分享上市经济适用住房的收益。 自愿退出原则：购房者依然掌握是否出售已购有的经济适用住房的自主权。

① 所谓内循环模式，是指经济适用住房不得直接上市，而是由政府回购，这种安排的目的在于从制度上制止违规购买、谋取不正当利益的行为，切实发挥经济适用住房的保障作用。

续表

文件名称	自愿退出的制度安排	分析
2007 年《经济适用住房管理办法》	第三十条：经济适用住房购房人拥有有限产权。购买经济适用住房不满 5 年，不得直接上市交易，转让时应按照届时同地段普通商品住房与经济适用住房差价的一定比例向政府交纳土地收益等相关价款，政府可优先回购；购房人也可以按照政府所定的标准向政府交纳土地收益等相关价款后，取得完全产权。 第三十一条：已经购买经济适用住房的家庭又购买其他住房的，原经济适用住房由政府按规定及合同约定回购。	上市年限限制：经济适用住房购房 5 年之内不得上市，只能由政府回购；初步体现了强制退出的制度安排，对经济适用住房购房者再次购买其他住房的，政府有权按规定及合同约定回购。 自愿退出为主，强制退出初现：自愿退出依然占主导地位，虽有强制退出的初步规定，但很容易规避，比如，可以成年的子女的名义购买其他住房，改善居住的条件，而不必担心经济适用住房被政府“回购”，经济适用住房购房者依然具有很大的空间来决定是否退出。

北京市 2006～2010 年住房建设规划的公示稿中首次提出，将探索建立经济适用住房“内循环”的流转模式，这是对经济适用住房政策一次改革性的探索。虽然正式稿中“经济适用住房不得直接上市，由政府回购”的说法被删除，但这并不表示“内循环”的搁浅，只不过是将拟采用这一模式的经济适用住房仅限于今后新建和销售的房屋。退出管理从无到有、从自愿退出到强制退出，反映了北京市对经济适用住房定位与管理的思路调整。

经济适用住房采用自愿退出管理是传统住房福利体制路径依赖的一种体现，在特定历史条件下，采取自愿退出方式可以增加经济适用住房的吸引力，减轻住房制度改革面临的阻力；此外，除福利保障性质外，经济适用住房仍具有一定商品住房属性，自愿退出也与这一属性吻合。但是，自愿退出的制度安排并不利于经济适用住房政策的健康发展与政策目标的顺利实现。

首先，不利于体现社会公平。在自愿退出的机制下，经济适用住房的收益具有永久性，即使购房者在购房后可能进入中高收入行列，远远超出经济适用住房的申购标准，但由于缺乏强制退出机制，依然可以享受经济适用住房这种保障性政策住房，从而挤占了其他中低收入家庭的福利资源，导致经济适用住房政策公平性的缺失。

其次，不利于调动地方建设经济适用住房的积极性。在缺乏合理退出机制的情况下，经济适用住房不能实现中低收入家庭之间循环使用，容易导致经济适用住房需求的无限扩张，既不利于缓和供需矛盾，也极大地加重了地方负担。

第三，不利于防止经济适用住房购买的寻租现象。自愿退出使经济适用住房的获取具有永久性，一次获得、永久受益，这种运作模式增加了不符合购买资格的群体采取各种方式购买并占有经济适用住房的动力，易造成各种寻租和设租行为。

内循环模式的提出，本质上是对经济适用住房自愿退出机制向强制退出机制转变的一个过渡性或者说折中性安排，是北京市对中央政策的突破性调整。自愿退出机制的弊端已经日益暴露，但中央层面的强制退出机制尚未建立，在中央明确“经济适用住房购房人拥有有限产权”后，北京市尝试建立内循环模式，其原因主要在于：

第一，遏制经济适用住房的上市套利现象。由于经济适用住房的房价远低于同地段商品房，且北京市房价的上涨速度较快，房屋的升值空间大，部分购房者利用经济适用住房上市套利。一旦按照市场价出售后，经济适用住房就成了商品房，丧失了其循环用于住房保障的功能，导致福利资源流失，这与政策初衷是相违背的。

第二，在一定程度上弥补审核制度的缺陷。建立经济适用住房的强制退出制度之所以难，主要在于缺乏科学、有效的收入审核体制，难以对购房者收入的变化展开有效动态监控，加之审核不严及购房者规避行为的存在，强制退出的规定很难真正落实。因此，从交易环节将交易对象限定为政府，以政府回购作为流通的唯一手段，限制了通过上市获利，从最后一环对流通进行控制，可以在一定程度上弥补过程审核中的不足。

第三，在一定程度上缓解政府负担。内循环模式有利于政府完全掌握对经济适用住房的控制权，避免了经济适用住房资源因市场交易而流失，在一定程度上缓解了政府新建经济适用住房的压力，且提高了经济适用住房的利用率。

第四，增强经济适用住房的保障性。经济适用住房本身具有商品房和政策性住房的双重属性，允许其上市流通，主要是基于其商品房属性的考虑；而强调政府回购的内循环模式，则更多是出于其保障性住房属性的考虑，反映了北京市对其定位的再思考。更加强调经济适用住房的保障性，主要是因为存在日益严重的投机问题与供应对象失控问题，也是为了防止因上市交易转变为商品房带来的福利流失。

内循环模式在北京市尚处于探索阶段、并未大规模实施，但在增加经济适用住房保障性、有效缓解供需矛盾、实现社会公平等方面，无疑是大胆而有益的尝试。

4. 探索新的供给制度：限价房和公租房

2006 年起北京市开始试点限价房制度，2009 年起开始实施公共租赁住房制度，这实质上是住房供应体系中探索除廉租房、经济适用住房、商品房以外的新的制度供给，多渠道满足部分中低收入住房困难家庭住房需求。限价房制度和公共租赁住房制度的推出，为原有的住房供应体系增加了新的制度供给，与廉租房覆盖范围不断扩大的意图相同，限价房制度也是为了完善原有的住房供应体系，在保障性住房与商品房之间建立一种过渡的住房工具；而公租房制度则反映了北京市住房保障体系的管理思路由出售向出租的转变。新的制度供给旨在推动住房供应体系的完善与合理化，让更多的住房需求者“对号入座”，解决城市夹心层的住房困难。

经济适用住房与限价房、廉租房、公租房在供应对象、供应标准与政策定位上依然有着本质的区别，但是后三种制度已经在某种程度上形成了对经济适用住房的替代效应，使其在住房供应体系中的地位逐渐弱化。但应该看到，经济适用住房在保障低收入（而非最低收入）家庭住房中仍具有不可替代的作用，廉租房的保障范围的扩大与限价房制度的推行更多地是分担了经济适用住房两端的保障对象。

余　宇　谭梦圆　执笔

第三章 地方政府的政策目标与开发企业的利润目标

经济适用住房的开发与建设涉及到地方政府、开发企业双方的利益，政府和开发企业实际上形成一个委托—代理关系。在这一关系中，政府的政策目标与开发企业的利润目标存在着不一致：政府希望通过经济适用住房解决中低收入阶层住房困难问题，追求公平合理的居住状况；而开发企业作为理性的"经济人"，不管是开发经济适用住房还是商品房，目的都是追求利润的最大化。商品房的利润率直接表现为较高的价格，而经济适用住房是在不突破利润率上限的前提下，借助于规模经营、划拨土地和税收减免等政策来实现高额利润。地方政府与开发企业之间存在一定程度的利益博弈，削弱了政策的预期效果，导致了经济适用住房政策实施的实际效果与初期目标产生较大偏差，推动了这一政策的发展与调整。

以北京市为例，目前其经济适用住房开发模式是政府通过给予经济适用住房开发企业一定的财政优惠，如划拨土地、税费减半征收等措施，从而降低开发项目的成本；开发企业则负责经济适用住房的开发、销售等全方位的工作，在规定的利润空间内制定销售价格；政府指定或者通过招投标形式选择开发企业来开发经济适用住房，开发企业根据政府的相关要求进行开发建设。

签订开发合同后，政府无法直接观察到开发企业的努力程度和工作状态，开发企业通过提高开发标准、扩大商品房的比例、提高价格、隐瞒经济适用住房性质等违规行为来欺骗政府主管部门，损害了政府部门的利益，导致道德风险。地方政府与开发企业进行博弈的过程中，开发企业由于对项目的运作、资金投入、成本控制、生产技术等拥有较全面的信息，承担代理人的角色；地方政府因对开发企业的信息掌握不充分，处于委托人的地位。地方政府在指定或者通过招投标选择开发企业时，因信息不充分会导致逆向选择。正是由于道德风险和逆向选择的共同作用，不良开发企业对利润最大化的追求愈演愈烈，进而导致了经济适用住房价格偏高和开发标准的高档化[①]。

一、地方政府的政策目标

经济适用住房是具有保障性质的政策性住房，主要针对低收入住房困难家庭，政府为经济适用住房的建设提供优惠政策，限定建设标准、供应对象和销售价格。作为现阶段国家住房建设政策的重要组成部分，其政策目标主要有以下几点：

第一，解决城镇中低收入家庭的住房问题；

第二，扩大住房供给、调节房地产投资结构和启动市场有效需求；

第三，平抑住房价格上扬，推动住房体制改革和转轨；

第四，拉动城市经济增长。

为了推动经济适用住房的建设，北京市出台了一系列优惠政策，主要包括：①建设用地以行政划拨方式供应；②免收建设和经营中的行政事业性收费；③小区外基础设施建设费用由政府负担[②]，经济适用住房价格实行政府指导价，而且开发企业利润率被限制在3%以内[③]。

① 潘璐："经济适用住房问题的经济学分析"，《合作经济与科技》，2008年11月号。

② 资料来源：《北京市经济适用住房管理办法（试行）》，第十三条。

③ 资料来源：《经济适用住房价格管理办法》，第六条。

二、开发企业的利润目标

房地产开发企业以赢利为目的，受市场供求状况引导，遵循市场规律运作。由于经济适用住房建设中政府设定了一个远低于商品房利润的赢利率，因此，开发企业对商品房的建设更感兴趣。其对于从事经济适用住房建设的兴趣主要是与土地的获得相关。由于发展经济适用住房的项目可以优先得到土地供应，并免缴土地出让金、减半征收行政性费用，且经营此类项目的过程中仍能得到许多实惠。房地产开发企业可以在获得土地划拨后通过提高户型标准、豪华装修、增加商品房部分、组建后继的物业公司等手段等来提高赢利率①。作为独立的市场经济主体，房地产开发企业最主要的目标无疑在于获取利润。

根据《经济适用住房价格管理办法》的规定，经济适用住房价格实行政府指导价，“制定经济适用住房价格，应当与城镇中低收入家庭经济承受能力相适应，以保本微利为原则，与同一区域内的普通商品住房价格保持合理差价，切实体现政府给予的各项优惠政策”②。

经济适用住房基准价格由开发成本、税金和利润三部分构成，按照《经济适用住房价格管理办法》的规定，经济适用住房的价格 p 可以表示为：

$p = c \times (1 + r)$，c 为开发成本，r 为允许的利润率，$r < 3\%$。

开发企业的收入 I 可以表示为：

$I = p \times q$，q 为经济适用住房的销售面积。

在现有的经济适用住房定价体制下，开发企业要增加自己的收入，可以有两个途径：一是提高销售价格，二是扩大建设面积。

---

① 裴健华：“目前经济适用住房政策的问题及深层原因分析”，《现代经济信息》，2009 年 21 期。

② 资料来源：《经济适用住房价格管理办法》，第五条。

1. 提高销售价格

开发企业为了提高销售价格，则需要“提高”经济适用住房的开发成本，因为目前经济适用住房价格以项目最后直接开发成本作为基数，这种“提高”可能是“实际成本”的提高，也可能是“名义成本”的提高，为此，开发企业可能采取的应对措施有两方面。

（1）提高实际成本

由于建设成本的增加可以从价格中得到完全补偿，开发企业缺乏降低成本的积极性，因此，在开发建设经济适用住房的过程中可能安排一些低效率的员工，不采取一些可以降低成本的技术、组织管理方案等，将高效员工与更有效率的技术应用于开发的其他商品房项目，从而实现开发企业内部资源的优化配置。并且，开发企业的这种行为很难通过增强监督与审计来控制，政府管制难以有效提高企业效率。

（2）提高名义成本

一方面，利用信息不对称性虚增成本。由于政府管制部门在房地产开发所需的原料、人工的市场价格以及实际消耗量方面掌握的信息量有限，开发企业为了增加自身的收入，可以通过虚增价格、消耗量或者增加一些不必要项目的方法来虚增成本，通过经济适用住房销售价格的提高获取额外利润。

另一方面，实施成本欺骗行为。开发企业在建设经济适用住房项目的同时，可能还开发有其他的商业项目。为了扩大自己的利润，开发企业可能会设法将商业项目的开发成本转移到经济适用住房中，这既能增加经济适用住房项目的成本，也可以增加商业项目的利润，有利于开发企业获取更多的利润。

开发企业提高名义成本的行为虽然可以通过加强监督与审查的方式来预防，但由于开发成本作为企业内部信息，计算、审核的专业性强、复杂度高，政府管制部门很难充分了解和掌握。由于监管的成本较高，往往需要投入大量的人力与时间，因此政府管制效率有限，难以有效防止开发企业为攫取利润而提高名义成本。

2. 扩大建设面积

经济适用住房作为微利商品房，只是在土地供应政策和价格管理政策上区别于一般商品，其余仍按市场化运作。由于以往政府只对经济适用住房的单位价格进行限定，对单元面积、户型标准无任何限定。开发企业受经济利益的驱动，将经济适用住房的面积越建越大，档次越来越高，由此产生的负面效应是：经济适用住房的单位价格限制住了，但每套房的总体价格却上去了。

为了遏制任意扩大经济适用住房建设面积的行为，2007 年颁布的《经济适用住房管理办法》对经济适用住房的套型、面积作出了规定："经济适用住房要严格控制在中小套型，中套住房面积控制在 80 平方米左右，小套住房面积控制在 60 平方米左右。"

除了扩大建筑面积以外，开发企业还会采取其他方式以实现利润的最大化。例如：以经济适用住房的名义取得开发用地后，转换为普通商品房出售；改变原来的实施方案、降低质量和小区环境标准等，将真实利润隐蔽化；面向集团、中高收入者出售，加快资金周转等。

开发企业追逐利润与政府政策目标的差距，加之政府自身管理不善，凡此种种，都会增加经济适用住房政策实施的成本①。此外，经济适用住房由政府划拨建设用地，由于行政划拨的透明度低，许多开发企业为牟取自身的经济利益拉拢腐蚀政府决策者，致使各种"寻租"活动泛滥；而一些政府官员贪污腐败，运用手中的权力，人为地"创租、抽租"，诱使开发企业与其分享经济利益，这也加剧了"寻租"活动的经常性和普遍性。

三、地方政府的监管问题

经济适用住房的建设采取开发商建设、政府扶持的模式，政府在经济适用

① 汪利娜："对经济适用住房政策的反思"，《中国房地信息》，2005 年第 9 期。

住房的各个环节都承担着监督管理职责。具体包括立项、土地划拨、配套设施建设、户型和面积、审核、销售定价、购买人资质环节的监督管理。经济适用住房政策的顺利执行，需要所有环节的有效监管，否则就有可能违背政策初衷。对于经济适用住房的开发企业，地方政府主要是从招投标管理和建设管理两个方面对其进行监督。以北京市为例，监管开发企业的过程中存在着成本过高、依据不足、手段缺乏和寻租设租的现象，这些都影响到经济适用住房的建设：一方面由于开发企业追求高额利润，造成了经济适用住房面积过大、装修标准过高、建设质量不达标等问题；另一方面也迫使北京市不断出台“细则规章”来规范开发企业的行为。

1. 政府的监管程序

经济适用住房享有行政划拨用地的优惠政策，反映了政府对受助家庭的补贴，但这种补贴是一种间接的补贴方式，需要经过开发企业这一环节并通过销售的完成才能落实到购买者手中。

为了使政策优惠能够切实落实到中低收入阶层身上，避免在过程中被非法占用，政府需要对经济适用住房的开发、建设、销售等诸多环节进行严密的监督、管理和审查，主要包括：对开发企业的资质、开发业绩和社会信誉进行审查；对房屋建筑面积、施工质量等进行监管；制定并公示经济适用住房的基准价格和浮动幅度；审核居民经济状况以确定具备购买资格的家庭；监督经济适用住房的销售和市场流通，防止开发企业违规销售和弄虚作假等行为。具体包括招投标与建设两个环节。

（1）招投标环节政府的监管工作

主要是指招标投标审查：经济适用住房建设项目实行招标投标，而政府主管部门作为项目实施的监管单位，对开发项目的质量进行监控。根据1999年《北京市进一步深化城镇住房制度改革加快住房建设实施方案的通知》，经济适用住房的开发建设实行招投标制度，用竞争方式确定开发建设单位。严格限制工程环节不合理转包，加强对开发建设单位成本管理和监控。积极采用新技术、新材料，注重节约能源和原材料。确保工程质量，完善住房竣工验收制度，推行住房质量保证书制度、住房和设备及部件的质量赔偿制度和质量保险制度。

2003 年北京市建委《关于进一步加强本市经济适用住房建设和管理意见》也再次明确指出，政府将不再是经济适用住房的建设主体，北京市建委住宅建设处及市国土资源和房屋管理局住房指导处的负责人表示，按照突出政策保障性质的要求，将对现行的建设和管理政策进行四方面调整，包括推行项目法人招投标制度，严格依法进行建设，今后经济适用住房建设必须通过招标方式择优确定项目法人；实行户型面积标准和单套总价款双控的办法，即将户型面积控制在 80 平方米左右，且单套总价款控制在 32 万元以下。

对房地产开发企业具体的审核标准，以北京市丰台区宋家庄顺八条八号地块经济适用住房项目开发建设为例，投标人的资格要求为：在北京市注册；具有房地产开发企业一级资质，或具有房地产开发企业二级资质且累计承担过 30 万平方米（含）以上建设规模的企业；在北京市建设委员会的房地产开发企业信用档案系统中，没有不良经营行为记录；资信和财务状况良好，具备完成本项目的资金条件；具有为完成本项目建立的完善的组织机构和管理体系。

（2）建设环节政府的监管工作

主要是指对房屋建筑面积、施工质量等进行监管。2009 年出台的《北京市保障性住房规划与建筑设计导则》是北京市编制、评估和审批保障性住房项目建议书和可行性研究报告以及工程设计审查和监督管理的参考依据。

之所以要由政府对经济适用住房的设计与建设进行规定，主要是因为保障性住房不同于普通商品住房，在遵守国家相关规范的前提下，还要有针对性的设计导则对保障性住房的规划、设计进行指导和监督管理。该导则在经济适用住房的选址与规划、建筑设计、住宅装修与设备设施等方面都有详细规定。

在面积控制上，明确指出经济适用住房的套型建筑面积控制在 $65m^2$ 以内。经济适用住房的套型可按照Ⅰ型、Ⅱ型两种类型设计，建筑面积分别为 $35 \sim 45m^2$ 和 $45 \sim 65m^2$，在建筑的容积率、套型、功能，居室空间的精细化设计、采光通风、住宅装修与设备设施方面，也都做了详尽的规定。

2. 监管存在的问题

北京市在对经济适用住房开发企业进行监管的过程中，主要存在以下几方面问题。

（1）监管成本过高

根据现有的经济适用住房政策，其立项需要政府批准，开发所用土地往往由政府拨划，电网、小区配套设施等的建设需要政府负责，销售需要政府限价。监督管理成本存在于各个环节中，只要一个环节出现问题，就有可能导致经济适用住房偏离原本的发展方向，政府很容易陷入纷繁复杂的管理过程和棘手的矛盾处理过程。

（2）监管规定不明确

主要体现在利润率的确定上。为体现经济适用住房“微利”特征，政府笼统地规定开发经济适用住房的企业利润率为3%。但对于以3%的什么利润率作为鉴定标准却没有明确的规定。一般而言，利润率有资本利润率、成本利润率与销售利润率之别。因此，在等额利润的前提下，会呈现出资本利润率>成本利润率>销售利润率。如果企业以成本或销售利润率作为衡量标准，那么资本利润率有可能达到20%甚至更多，如以资本利润率作为衡量标准，则开发企业几乎无利可图。事实上，政府对开发企业利润率控制没有一个明确标准，监管部门无法对开发企业进行有效的监督。

（3）监管手段不到位

目前，北京市是全国建设经济适用住房最多的城市之一。政府行政部门对经济适用住房的监管方式主要是审核经济适用住房的规划是否合理、户型设计是否合乎相关面积规定等。但开发企业在取得送审符合规划和设计的批复后，会人为地更改相关设计，包括：提高容积率、加大户型面积、增加底商面积的建设比重等，以此增加其收益。由于经济适用住房项目太多也太大，政府在房屋建设方面难以掌握足够信息，主管部门缺乏有效的手段对开发企业的建设行为进行监管。

(4) 监管中的寻租行为

政府和开发企业责、权、利的划分并不是很清楚。由于经济适用住房建设的审批与监管权限都集中在政府手中，开发企业在牟利动机下为获得经济适用住房项目或者使建设中的违法行为不被查处，很容易借助寻租的手段。加之我国的政府监管体制本身尚不健全，更增加了开发企业的寻租动力。

例如，北京市经济适用住房开盘的放号权为某些经济适用住房开发企业提供了“寻租”空间，北京市“xxx”经济适用住房小区的放号风波证实了这一点。根据中央电视台等媒体的报道，“炒号”队伍中出现了经济适用住房开发企业、物业公司的身影。另据媒体报道，2004 年北京市“xx”新城经济适用住房小区的放号竟然是从 163 号开始的，至于 163 号之前的房号做了怎样处理，开发企业并没有给出明确的解释①。某经济适用住房开发企业的负责人曾经说过：“目前开发企业拥有的最大‘寻租’权力就是放号权”。

四、建设环节的政策演进

地方政府与开发企业之间的目标矛盾，推动了经济适用住房政策在建设环节的发展与完善。以北京市为例，具体体现在两个方面：一是开发企业的准入资格不断严格与细化；二是经济适用住房的建设面积、价格、质量标准从无到有，不断完善。

1. 准入资格的规范

经济适用住房政策确立初期，对开发企业资质并未出台专门规定，而是要求根据《城市房地产开发经营管理条例》的相关规定开展对经济适用住房的建

① 谢良兵：“经济适用住房：政府和商人冲突妥协”，《中国新闻周刊》，2005 年 6 月 27 日。

设管理[①]。即经济适用住房的开发企业只要符合该条例中对房地产开发企业的一般规定："有100万元以上的注册资本；有4名以上持有资格证书的房地产专业、建筑工程专业的专职技术人员，2名以上持有资格证书的专职会计人员"。

1998年北京市经济适用住房政策推行之初，开发企业确定实行招标制度："严格执行公开招标制度，择优确定工程施工承包单位"[②]。同时，经济适用住房建设实行承诺和审批制度，申请建设经济适用住房的单位，应当向市政府和社会作出承诺，主要内容包括：建设规模、经由建设规划部门审定的基础设施及配套设施建设保证、拆迁安置方案的落实意见和保证措施、建设标准、预售价格、工期、交用时间和物业管理标准等。承诺内容经市开发办提出初步审查意见，由市建委会同有关部门审核，报请市政府主管领导同志批准。开发建设单位必须按批准的承诺内容与市开发办签订承诺书，并按承诺内容建设和销售经济适用住房[③]。经济适用住房建设单位可享有的优惠政策为减半征收21项行政事业性收费，取消各种没有法律法规依据的不合理收费和乱摊派。

2003年《北京市关于进一步加强本市经济适用住房建设和管理的意见》再次明确要通过招投标择优确定经济适用住房建设项目法人。2007年《北京市经济适用住房管理办法》规定，采取集中建设方式的经济适用住房，由市、区县政府组织公开招标，确定项目法人或代建单位。

虽然规定了经济适用住房建设单位的招投标制度，但在实际操作的过程中，北京市经济适用住房的开发建设单位基本由市政府确定，天通苑、回龙观文化居住区等首批经济适用住房的建设单位都是由政府直接规定的。2007年的宋家庄经济适用住房是北京市首个采取开发建设招标的经济适用住房项目，标志着北京市经济适用住房建设开始真正走上招投标的道路。

宋家庄项目的投标条件反映了开发企业所应具备的资质：必须是在北京市

---

① 资料来源：《北京市关于加快经济适用住房建设的若干规定（试行）》，第7条，1998年8月3日。

② 资料来源：《北京市关于加快经济适用住房建设的若干规定（试行）》，第11条，1998年8月3日。

③ 资料来源：《北京市关于加快经济适用住房建设的若干规定（试行）》，第6条，1998年8月3日。

注册的房地产开发企业；必须具有房地产开发企业一级资质，或具有房地产开发企业二级资质且累计承担过30万平方米（含）以上建设规模的企业；必须在北京市建设委员会的房地产开发企业信用档案系统中，没有不良经营行为记录；资信和财务状况必须良好，具备完成本项目的资金条件；必须有为完成本项目建立的完善的组织机构和管理体系①。

招投标制度的逐步发展与落实，反映了政府在开发企业选择上的规范化与市场化。一方面，有利于保证经济适用住房建设的效率与质量，在遵循市场规律的基础上，引入竞争机制，通过明确的资质要求，择优选择信誉好、实力强的开发企业，保障开发建设质量；另一方面，招投标制度标志着开发企业选择的制度化，降低了政府在确立开发单位时的主观性与随意性，有利于保证选择过程公开性与透明度，有利于公众的监督和寻租行为的减少。

2. 面积、价格、质量标准的规范

经济适用住房项目建设过程中，开发企业在逐利动机下具有扩大建设面积、压缩建设质量和虚抬销售价格的动力。为了规范开发企业行为、切实保证经济适用住房的建设面积与质量，北京市出台并不断细化了面积、价格与质量标准的规定。

（1）面积标准从无到有，从模糊到明确

1998《北京市关于加快经济适用住房建设的若干规定（试行）》中并未对经济适用住房的面积进行具体规定。

2003年《北京市关于进一步加强本市经济适用住房建设和管理的意见》规定，经济适用住房应合理确定建设标准，严格控制户型面积，2003年后新批准的经济适用住房项目，实行户型面积标准和单套总价款控制，即经济适用住房主要户型面积应在80平方米左右，单套住房总价款在32万元以下。

2006年的《北京市住房建设规划2006～2010》再次细化了经济适用住房的面积标准：经济适用住房要严格控制在中小套型，中套住房面积控制在80

① 资料来源："北京宋家庄经济适用住房招标时间4月11日到4月18日"，《北京青年报》2007年4月11日。

平方米左右，小套住房面积控制在60平方米左右，经济适用住房套型建筑面积均在90平方米以下。

2007年的《北京市经济适用住房管理办法》也明确表示，经济适用住房项目应保持合理的开发规模，户型设计控制为中小户型，并由市规划委制定具体标准。

2009年，根据《北京市经济适用住房管理办法》的要求，市规划委出台了《保障性住房规划与建筑设计导则》，对经济适用住房套型标准做了细化规定。根据该导则，北京市经济适用住房的套型建筑面积控制在65 m^2 以内。套型可按照Ⅰ型、Ⅱ型两种类型设计，如下表所示。面积被限制在65 m^2 以内，这一方面反映了经济适用住房继续向保障性住房倾斜，另一方面也反映了政府严格控制经济适用住房面积、防止开发企业为提高利润随意提高面积标准的决心。

表3.1　　经济适用住房的套型标准

套型	Ⅰ型	Ⅱ型
建筑面积（m^2/套）	35～45	45～65
使用面积（m^2/套）	28～35	35～49
居住空间数（个）	1～2	2～3

注：建筑面积指标中应包括阳台面积（按一半计入），居住空间数指卧室、起居室（厅）等独立的房间数。

（2）价格标准从抽象到具体

1998年《北京市关于加快经济适用住房建设的若干规定（试行）》，经济适用住房实行政府限价销售政策，由市物价局、市建委批复具体销售价格，开发企业的利润控制在3%以下①，此时，销售价格尚未提出明确的标准。

2003年《北京市关于进一步加强本市经济适用住房建设和管理的意见》明确提出，经济适用住房的单套住房总价款在32万元以下，经济适用住房实行政府限价销售政策，销售价格按规定由市物价、建设行政主管部门审批。这是首次对经济适用住房单套总价款进行具体的量化规定。

2003年1月1日起实施的《经济适用住房价格管理办法》，对经济适用住

① 资料来源：《城市房地产开发经营管理条例》第9、10条，1998年7月20日。

房项目的价格主管部门、价格制定都做了详细的规定。价格主管部门为县级以上政府价格主管部门，经济适用住房价格实行政府指导价，与城镇中低收入家庭经济承受能力相适应，以保本微利为原则，与同一区域内的普通商品住房价格保持合理差价。经济适用住房基准价格由开发成本、税金和利润三部分构成。开发成本包括拆迁安置补偿费、工程勘察、规划设计费、安装工程费等，小区内经营性设施的建设费用不得计入经济适用住房价格。政府价格主管部门在接到房地产开发经营企业的定价申请后，应会同建设（房地产）主管部门审查成本费用，核定销售（预售）价格。

为了防止政府的乱收费，北京市建立了房地产开发经营企业收费卡制度，凡涉及房地产开发经营企业的建设项目收费，收费的部门和单位必须按规定在企业负担卡上如实填写收费项目、标准、收费依据、执收单位等内容，并加盖单位公章。拒绝填写或不按规定要求填写的，房地产开发经营企业有权拒交，并向政府价格主管部门举报。

2007 年《北京市经济适用住房管理办法》也明确规定，经济适用住房销售价格由项目开发成本、税金、利润组成，通过竞价或政府审核方式确定或调整。有关竞价方案或价格审核工作由市发改委牵头，会同市建委等部门办理。

从上述规定的变化，可以得出以下几点结论：第一，经济适用住房价格标准在不断细化与规范。最开始只有笼统的 3% 利润率的限制，然后有了总价款不高于 32 万元的限制，后来逐步针对售价的主管部门、定价标准、定价方式和审核机关都有了明确的规定；第二，保本微利和政府指导定价是经济适用住房价格的基本原则，这与经济适用住房兼具商品性与保障性的特点相符合；第三，经济适用住房价格控制的重点在于严格审核开发成本，因为开发成本是经济适用住房定价的主要依据，开发企业追求利润的动机也往往从虚增成本上寻找突破口，所以经济适用住房价格审核的关键是准确衡量开发成本，《经济适用住房管理办法》中采用列举的方式，对于哪些项目需要纳入开发成本、哪些项目不能纳入开发成本给出了详尽的规定。

（3）质量标准从无到有，从松到紧，从抽象到具体

在 1998 年确立经济适用住房政策之时，尚未针对其质量标准出台专门规

定。2003 年《北京市关于进一步加强本市经济适用住房建设和管理的意见》对经济适用住房的建设标准做了初步规定，要求经济适用住房设计单位应当按照国家建设标准和技术规范及本市确定的户型面积标准进行设计，不符合设计标准的项目，市规划行政主管部门不予审批规划设计方案。经济适用住房建设严格执行国家建设标准和技术规范，积极推广先进、成熟、适用的新技术、新工艺、新材料、新产品，降低能耗，节约资源，提高住宅建设整体水平。

2009 年北京市出台了《保障性住房规划与建筑设计导则》，从选址、套型设计、装修标准对经济适用住房的建设做出了详细规定，防止开发企业在经济适用住房项目建设中的偷工减料行为。

选址方面，保障性住房的建设宜临近城市的轨道交通站点、公交站点、交通换乘枢纽等，考虑居民的出行要求；套型设计，采用“紧凑、精细化”的设计，独立成套，套内功能分区明确、合理，采光、噪声、节能标准符合要求。每套住宅应具有卧室、起居室（厅）、厨房、卫生间等基本空间。小套型的卧室可以和起居室合并。各种功能空间的使用面积应符合下列规定指标，卧室双人 9 ~ 12 m^2、单人 6 ~ 8 m^2，起居室（厅）9 ~ 15m^2，兼起居室的卧室 12 ~ 18m^2，厨房 4 ~ 6m^2。同时还确定了经济适用住房功能房间最基本布置和功能房间面积指标要求，以及保障性住房装饰装修项目基本标准，并通过列表的方式进行了具体说明。

北京市规划委通过制定《保障性住房规划与建筑设计导则》，对经济适用住房在规划、选址、套型设计、面积标准、管线安排与装修标准上作出了细化规定。这反映了政府与开发企业之间的利益博弈：为了追求高额利润，开发企业可能采取偷工减料或者擅自更改面积和装修标准的方式，从而损害地方政府的政策目标。

因此，地方政府制定详细的质量标准，有利于规范经济适用住房开发企业的建设行为，并为政府的监管提供法理依据，通过严格规定经济适用住房的建设质量，维护经济适用住房购买者的合法权益，顺利实现地方政府的政策目标。

佘　宇　谭梦圆　执笔

第四章　地方政府的保障动机与部分民众的投资动机

经济适用住房，是在福利分房、安居工程、住房商品化探索后，将住房福利性糅合到住房商品化改革进程中所设计的新的住房供给形式。政府寄希望于经济适用住房来解决低收入家庭住房困难，采取行政划拨土地和减免行政事业收费等方式对其开发建设予以政策优惠，并通过出售的方式，将政府补贴转入申购家庭的手中。

虽然政府是基于保障目标实施经济适用住房政策，但对于部分民众而言，更关注的是经济适用住房与商品房之间的差价。在对经济适用住房这一稀缺资源的争夺中，往往是掌握较多资源、而不是最需要的人群获得了经济适用住房，存在骗购、超标购买和投资（投机）等有损经济适用住房政策公正性的行为，从而导致政府的保障目标与社会公平性缺失的矛盾。为了应对这一矛盾，地方政府往往通过严格审批程序、限制经济适用住房的超标购买和投资行为来保障政策目标的实现，这在客观上推动了经济适用住房准入政策的演进。

一、部分民众的投资与投机心理

1. 政府一次性补贴的缺陷

经济适用住房的价格低，补贴方式具有一次性的特点。政府对经济适用住房申请家庭的补贴，实际是在房屋销售阶段通过限定房价，一次性地将补贴划拨给中低收入者。这种一次性的补贴方式存在两方面的问题：一是购买经济适用住房的居民在未来几年可能会有较大的收入增长、不再满足补贴要求，但由于缺乏强制退出机制，仍可占有经济适用住房资源；二是市场上也会继续涌现新的中低收入者，而由于经济适用住房的供给有限，他们将难以获得新一轮补贴。

经济适用住房政策的目标对象是占城市总人口比例绝大多数的中低收入者，其规模相当庞大。中低收入者在收入有限的条件下，都希望能以较低的购买价格解决目前住房拥挤、设施条件差的问题。但目前经济适用住房的开发规模，远不能让所有符合申购条件的家庭都购得经济适用住房。在房价不断攀升、商品房价格已严重超出普通民众购买能力的情况下，作为追求自身利益最大化的“经济人”，中低收入家庭为获得经济适用住房这一稀缺资源势必展开激烈争夺。此外，由于政府对购房资格审查不严，往往具有较强购买力或掌控较多资源的居民更易于抢购到经济适用住房。甚至在有些城市，为了消化前些年房地产热造成的住房积压问题，在购买经济适用住房的资格方面，对是否本地常住户口、购买套数等都不做限制，这就根本背离了经济适用住房政策的初衷，损害了部分中低收入家庭的权益。

2. 购买中的超标、骗购与投资（投机）行为

消费者也是很典型的自利“经济人”。由于经济适用住房带有一定的保障性质，因此售价一般低于市场价，这就给消费者带来了额外收益。而当住房出现供不应求时，更有可能通过程序外的手段来谋取利益，只要程序外手段成本低于购买所获得的收益，这种行为就不会自动消失。在经济适用住房的争夺群体中，较高收入者由于占据更多社会资源往往是优胜方，这就导致较高收入者挤走较低收入者。民众为了追求自身利益最大化，可能采取以下方式。

（1）超标购买

经济适用住房与商品房的售价差实际来源于政府补贴，所购经济适用住房面积越大，享有的政府补贴就越多。因此，购房家庭往往具有超标购买的激

励。而且，最开始政府并未严格禁止超标购买行为，对购买超过规定面积标准的经济适用住房，只需“到房屋管理部门暂按经济适用住房价格的10%补交综合地价款。超过规定面积购买的住房部分按经济适用住房产权管理，并应在产权证中注明，今后上市不再补交土地出让金”[①]，超标购买的部分仍可享受优惠，这就为超标购买留下了政策缺口。

为了杜绝超标购买的行为，北京市从2007年开始规定“符合条件的申请家庭只能按照规定的标准购买一套经济适用住房”[②]，新修订的《经济适用住房管理办法》也指出“符合条件的家庭，可以持核准通知购买一套与核准面积相对应的经济适用住房。购买面积原则上不得超过核准面积。购买面积在核准面积以内的，按核准的价格购买；超过核准面积的部分，不得享受政府优惠，由购房人按照同地段同类普通商品住房的价格补交差价”。

（2）骗购行为

申请人通过隐瞒家庭收入、住房和资产状况及伪造相关证明来获得经济适用住房的申请资格。申请家庭的住房、收入证明主要由单位或户口所在街道（乡镇）开具，然后由街道（乡镇）住房保障管理部门对申请家庭收入、资产、人口和住房状况进行初审，采用审核材料、入户调查、组织评议和公示的方式，对于初审有异议的家庭由街道（乡镇）住房保障管理部门再进行复审，通过审查的家庭则进入轮候期，由区（县）住房保障管理部门统一组织摇号配售[③]。

虽然经济适用住房的申请从证明的开具、初审、复审、分配都有严格的程序规定，但是缺乏硬性的监督与约束。例如，在证明的开具环节，由于单位和街道都并非专门的资产审核机构，在申请人的收入上存在信息不对称，难以准确、有效核定申请人的收入，这就为申请人隐瞒收入、住房情况，骗购经济适用住房留下了空间。

---

① 资料来源：《北京市政府办公厅转发市建委等部门关于北京市城镇居民购买经济适用住房有关问题补充规定的通知》，2002年12月。

② 资料来源：《北京市经济适用住房管理办法（试行）》，第19条，2007年。

③ 资料来源：《北京市经济适用住房购买资格申请审核及配售管理办法》，2007年11月。

（3）投资（投机）行为

经济适用住房相对于商品房而言，有很大的价格优势，这种价格优势来源于政府的支持。实际上，政府也是房子的出资人，但放弃了应有比例的房屋产权，经济适用住房成为购房者的私人财产。所以，经济适用住房变成某些人眼中的可获利商品，购买经济适用住房被看成是一种投资（投机）行为，通过不正当方式购买后用于出租或买卖。这种投资（投机）行为使一部分经济适用住房无法发挥其真正的保障效果，进一步加剧了原本就供应不足的经济适用住房的稀缺性。

总之，在商品房价格日益高涨的情况下，经济适用住房的价格无疑对许多中低收入家庭极具吸引力。不符合购买资格的家庭想方设法希望获得经济适用住房的购买权，符合购买资格的家庭千方百计希望提高购买标准、在摇号配售时拿到较好的选房顺序等。加之经济适用住房现有的审查制度不够严格、有效，在申请程序、证明办理、房屋分配等环节的权责关系不够清晰，存在较多的主观因素，客观上也为各种违规行为的产生创造了空间。

二、地方政府的审批及问题

1. 政府的审批程序

根据《北京市经济适用住房管理办法》，购买申请实行三级审核、两级公示制度，分四步进行，申请示意图如图 4.1 所示。

第一，申请。申请家庭向户口所在地街道办事处或乡镇政府提出申请。

第二，初审。街道办事处或乡镇政府通过审核材料、入户调查、组织评议、公示等方式对申请家庭的收入、住房、资产等情况进行初审，提出初审意见，并将符合条件的申请家庭报区县住房保障管理部门。

第三，复审。区县住房保障管理部门对申请家庭进行复审，符合条件的，将申请家庭的情况进行公示，无异议的，报市建委。

第四，备案。市建委对区县住房保障管理部门上报的申请家庭材料进行复核，符合条件的，市建委予以备案。区县住房保障管理部门为经过备案的申请家庭建立市、区县共享的住房需求档案。

在经济适用住房的分配上，对符合条件的家庭，由区县住房保障管理部门组织轮候摇号配售。其中划拨经济适用住房建设用地涉及的被拆迁家庭、重点工程建设涉及的被拆迁家庭、旧城改造和风貌保护涉及的外迁家庭以及家庭成员中含有60周岁以上（含60周岁）老人、严重残疾人员、患有大病人员、优抚对象、复员军人等住房困难家庭可优先配售①。

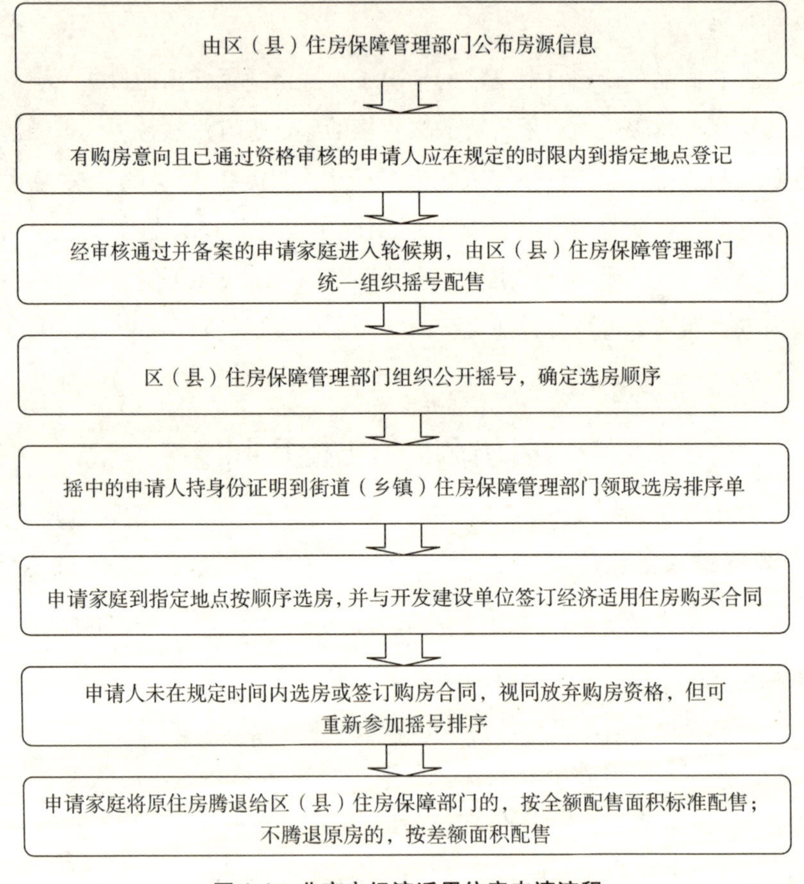

图4.1 北京市经济适用住房申请流程

① 资料来源：《北京市经济适用住房管理办法（试行）》，第17条、18条，2007年。

2. 审批存在的问题

经济适用住房审批最大的问题就是缺乏有效的个人财产收入审查机制，导致经济适用住房准入政策难以发挥作用。

我国尚未建立起个人收入申报制度和健全的社会诚信系统，尚无一个权威部门来判定家庭的收入标准，而金融机制的不完善又难以准确界定个人财产收入的多少。由于家庭收入水平是衡量申请家庭是否具有购买经济适用住房资格的重要指标，在缺乏有效的财产收入审核机制的情况下，经济适用住房政策不仅不能准确确定住房补贴的范围，而且为政策执行留下了寻租空间。

在缺乏个人财产收入审查机制的情况下，购房者家庭年收入、人口结构及现有住房状况等证明材料可以通过多种途径获得。以北京为例，其个人收入信息统计尚不完善，家庭收入的统计难以准确审核，家庭收入的来源又是多渠道的，家庭年收入究竟多少很难确定，而购房人单位在缺乏监督机制约束下难以据实证明本单位申请员工的收入是否低到符合购买经济适用住房的条件，导致准入政策无法发挥实际作用，不少经济适用住房流入高收入者和投资者手中。

在实际运作中，有时也会出现一个人购买几套经济适用住房或者住经济适用住房的人开高档车的现象。一个家庭使用不同家庭成员的名字申请购买两套或两套以上经济适用住房的情况时有发生。据统计数据显示，自 2001 年 5 月北京市对经济适用住房购买资格实行审核制度以来，截止到 2004 年底，申请购买家庭大约 14. 1 万户，累计审核通过 12. 3 万户，有近 12. 8% 的家庭没有通过审核①。没有通过审核的家庭主要是以下几种情况：一是重复申请购买经济适用住房；二是已经享受了房改政策性住房，又再次申请购买经济适用住房；三是虚报补贴面积标准和收入证明等。对购买经济适用住房家庭收入审核的“失灵”和收入证明的“失真”，使本不应该享受政府补贴的群体通过某些手段得到了不正当的利益。

---

① 资料来源：根据北京市建委开发办资料整理。

三、分配环节的政策演进

1. 审批程序的调整

审批程序直接影响了经济适用住房准入政策发挥作用的程度。在经济适用住房资源严重不足、经济适用住房具有极大价格诱惑的情况下，民众可能的行为选择是采用各种手段争取经济适用住房资源。一些中高收入者也希望能在经济适用住房中分一杯羹，造成了实际操作过程中经济适用住房供应范围扩大、供应对象失衡的问题。而地方政府的行为选择是通过审批程序的不断细化与严格，严格控制供应对象，防止不符合条件的申请人占有经济适用住房资源。以北京市为例，其有关审批程序的规定详见表 4.1。

表 4.1　　北京市经济适用住房审批程序的相关规定

时间	文件名称	审批程序相关条文
1998 年 10 月	《北京市关于加快经济适用住房建设的若干规定（试行）》	购买经济适用住房实行申请、审批和登记备案制度，具体办法另行制定。
2000 年 12 月	《北京市城镇居民购买经济适用住房有关问题的暂行规定》	申请人申请购房须如实填写核定表并由所在单位核准（没有单位的由所在街道核准）后送交市开发办。居民凭审核通过后的核定表购房，并作为办理买卖交易和权属登记的证明。
2001 年 4 月	《关于北京市城镇居民购买经济适用住房程序的通知（试行）》	第一，领表。申请购房家庭按不同类别到经济适用住房开发建设单位领取申请表。 第二，单位或街道盖章。并由单位或街道注明购房家庭最高购房总价标准。 第三，备案。在市城市建设综合开发办公室办理经济适用住房购买登记和备案手续。 第四，购房。申请人持本市城镇居民常住户口证件、身份证和审核通过的核定表、审批表或审核表，到经济适用住房开发建设单位购房。

续表

时间	文件名称	审批程序相关条文
2007 年 9 月	《北京市经济适用住房管理办法（试行）》	申请购买经济适用住房的家庭实行三级审核、两级公示制度。 1. 申请：申请家庭向户口所在地街道办事处或乡镇政府提出申请。 2. 初审：街道办事处或乡镇政府进行初审，并将结果公示。 3. 复审：区县住房保障管理部门对申请家庭进行复审，符合条件的，将申请家庭的情况进行公示，无异议的，报市建委。 4. 备案：市建委对区县住房保障管理部门上报的申请家庭材料进行复核，符合条件的，市建委予以备案。
2007 年 11 月	《北京市经济适用住房购买资格申请审核及配售管理办法》	街道初审：由街道（乡镇）住房保障管理部门对申请家庭收入、资产、人口和住房状况进行初审。初审工作按照以下程序进行：1. 审核材料；2. 入户调查；3. 组织评议；4. 公示。 轮候配售：住房保障管理部门公布房源信息，申请人登记，根据申请家庭困难程度对登记居民排序，公开摇号确定选房顺序。 定期申报：通过的家庭每年应按期向街道（乡镇）住房保障管理部门如实申报家庭收入、人口、住房、资产等变动情况。

从上述规定可以发现经济适用住房审批制度的两个主要变化。

(1) 审批主体由一级变为三级

最开始的审批制度为一级审核，审核主体为北京市开发办，2007 年开始实行三级审核，审核主体包括街道办或乡镇政府、区县住房保障部门和市建委，分别负责经济适用住房的初审、复审和备案。

审核主体的变化主要体现在两个方面：一是审核主体的增加，由一个部门增加为三个部门；二是审核重心的下移，街道或乡镇政府成为最主要的审核主体，通过审核材料、入户调查、组织评议、公示的方式完成对申请家庭住房、收入情况的初审，而区县住房保障部门主要负责复审与备案。

（2）审批程序上公示制度从无到有

经济适用住房的审批中最开始并没有公示的要求，2007 年以后实行两级公示制度，在街道（乡镇政府）初审和区县住房保障部门复审的过程中，各加入了 15 天的公示期，增加了经济适用住房审批的透明度，任何单位和个人在公示期间都有权对公示内容提出质疑，对有争议的购房家庭需要进行再审。

审核主体的增加和公示制度的出现，都反映了地方政府在审批环节的严格化和透明化，这主要是基于两方面的考虑。

第一，确保供应对象符合政策目标。经济适用住房审批程序不严造成的供应对象失控，已经严重阻碍了经济适用住房政策目标的实现，一些较高收入者通过隐瞒收入、伪造证明或寻租等方式，反而比真正的低收入者更容易获得经济适用住房资源，最需要政府保障的家庭反而被较高收入者挤占了应有的福利。通过审批程序的严格化，有利于遏制申请中的违法行为，保护申购家庭的合法权益，防止供应对象失控。

第二，阳光政府理念的推行与公民参与意识的增强。阳光政府包括四项制度，其中之一就是重要事项公示制。重要事项公示制是为了保障人民群众的知情权、参与权、表达权和监督权，推进行政权力公开透明运行，促进政府决策科学化和民主化。随着公民权利意识与参与意识的增强，北京市也逐步通过制度建设的加强走向透明化，在审批过程中加入公示制度，体现了制度运作透明化要求。

2. 购买面积的控制

经济适用住房的补贴是通过购买程序一次性发放给申购家庭的，补贴额可以视为：经济适用住房与同地段商品房的单位面积差价 × 总面积。在差价一定的情况下，经济适用住房购买面积越大，享有的政府补贴也越多。在这种情况下，申购家庭的行为选择是尽可能扩大经济适用住房的购买面积，以扩大实际享有的政府补贴额，而地方政府的行为选择是针对超标购买的部分征收综合地价款，减少申购家庭通过超标购买的方式获得额外收益，从而充分利用政府有限的补贴资源，避免补贴资源不合理分配造成的社会不公。申购家庭超标购买的动力与地方政府严控购买面积的矛盾推动了超标购买规定的不断完善。以北京为例，具体变化详见表4.2。

表4.2　北京市经济适用住房超标购买的相关规定

时间	文件名称	超标购买的相关条文
2001年4月	关于北京市城镇居民购买经济适用住房程序的通知（试行）	购房家庭购买超过规定面积的经济适用住房，暂按经济适用住房价格的10%补交综合地价款。
2001年8月	关于北京市城镇居民购买经济适用住房办理买卖交易、权属登记有关问题的通知	凡购房家庭实际购房价超过核准的最高购房总价标准的，需补交超过部分的综合地价款。 补交综合地价款的收取标准为：（经济适用住房的实际购房价款－该家庭最高购房总价标准）×10%。
2002年12月	关于北京市城镇居民购买经济适用住房有关问题的补充规定	购房家庭购买超过规定面积标准的经济适用住房，暂按经济适用住房价格的10%补交综合地价款。
2007年11月	经济适用住房管理办法	购买面积原则上不得超过核准面积。购买面积在核准面积以内的，按核准的价格购买；超过核准面积的部分，不得享受政府优惠，由购房人按照同地段同类普通商品住房的价格补交差价。

综合地价款的征收额逐步提高，从享受部分政府优惠到不再享有政府优惠。2001～2007年，超标购买经济适用住房所需补交的综合地价款标准不断提高，最初综合地价款的收取标准为（经济适用住房的实际购房价款－该家庭最高购房总价标准）×10%，只收取差额10%；2002年底开始，超标购买需要按经济适用住房价格的10%补交综合地价款，开始收取总额的10%，提高了补交标准，增加了超标购买的成本。

虽然补交标准有所提高，但是由于北京市商品房价格不断攀升拉大了经济适用住房与商品房的差价，即使综合地价款的补交标准有所提高，也只是减少了申购家庭所能获得的补贴额，申购家庭依然可以通过超标购买获得的部分政府优惠。

2007年《经济适用住房管理办法》的出台从制度设计上彻底取消了对经济适用住房超标面积的政府优惠，规定超标面积按照同类普通商品住房的价格补交差价，不再享有政府优惠。

北京市经济适用住房政策在超标面积上的演变，是在政府与申购家庭的利益博弈中不断发展变化的。对于超标面积，政府从给予部分优惠到取消政府优惠，既是迫于有效利用有限的经济适用住房资源的需要，也是出于对保障社会公正的考虑。

3. 上市交易的调整

经济适用住房与同地段商品房之间的较大差价激发了经济适用住房的投资需求，不少投机者希望通过购买经济适用住房然后转手或者出租的方式牟利。出租的方式为国家明令禁止，而按商品房价格出售是国家允许的行为，需要有明确的制度规范。

在这种背景下，投机者的行为选择是购买经济适用住房后按商品房价格出售，赚取差价，而地方政府的行为选择是严格控制经济适用住房转手的利润率，并通过政府优先回购的方式，减少经济适用住房因上市交易而造成的资源流失问题。控制转手利润率的主要方式是补缴综合地价款和政府优先回购，部分地区还尝试建立共有产权制度，以减免的土地出让金和税费收入为政府出资额，由政府按3∶7或5∶5的出资额分享产权[①]。政府补贴以产权形式存在，上市交易前需向政府购回余下产权，相当于将经济适用住房的补贴又还给政府，以此来遏制利用经济适用住房转手牟利的行为。江苏省淮安市率先开展共有产权的试点，北京市2009年启动的南苑棚户区改造中曾尝试采用产权共有的方式，购房者对政府所属产权部分按公租房标准缴纳租金。

表4.3 北京市经济适用住房上市交易相关规定

时间	文件名称	上市交易相关条文
2003年10月	关于进一步加强北京市经济适用住房建设和管理意见的通知	将经济适用住房上市补交3%综合地价款的规定，调整为由市国土房管行政主管部门按照当年同地段商品房应缴纳地价款的相应数额或比例进行公布并收取。

① 温泉："经济适用住房共有产权制度研究"，《中国房地产金融》，2007年第2期。

续表

时间	文件名称	上市交易相关条文
2004 年 5 月	北京市关于加强经济适用住房交易管理有关问题的通知	已购经济适用住房住满 5 年后，交易时出售人按成交价格的 10% 缴纳综合地价款。
2007 年 9 月	北京市经济适用住房管理办法（试行）	购买经济适用住房满 5 年的，出售时应当按照届时同地段普通商品住房和经济适用住房差价的一定比例交纳土地收益等价款，并由政府优先回购。
2008 年 4 月	北京市关于已购经济适用住房上市出售有关问题的通知	已购经济适用住房家庭取得契税完税凭证或房屋所有权证满 5 年后，可以按市场价出售所购住房。产权人应按原购房价格和出售价格价差的 70% 补交土地收益等价款。区县住房保障管理部门可以优先回购。

经济适用住房上市交易补交标准逐渐提高，政府可以此分享上市交易的收益。经济适用住房上市交易所需补交的综合地价款可分为三个阶段：第一阶段，上市补交 3%；第二阶段，补交成交价格的 10%；第三阶段，补交原购房价格和出售价格价差的 70%。

经济适用住房享有政府的土地与政策优惠，政府实际上也是房屋的出资人，政府与购房家庭共同分享房屋产权。经济适用住房上市交易补交收益的规定，实质上反映了政府分享经济适用住房收益、收回投资的要求。根据 2010 年住建部的规定，各地应按照配售经济适用住房时承购人与政府的出资比例，确定上市所得价款的分配比例、政府优先购买权等管理事项。其中，政府出资额为土地出让金减让、税费减免等政策优惠额之和①。

由于经济适用住房在最初的定位是“政策性商品住房”，依然具有较多的商品属性，所以在政策的制定上也允许了经济适用住房跟普通商品一样的流通、交易行为，但是随着北京市经济适用住房被重新定位为“保障性住房”，经济适用住房不再具有商品住房的性质，因此对经济适用住房的投资行为不再具有法理层面的合理性。同时，政府提高了上市交易的补交额，尝试政府回购

① 资料来源：住房和城乡建设部关于加强经济适用住房管理有关问题的通知，第 13 条，2010 年 4 月。

制度，并在部分工程中采取了共有产权的试点。这些调整一方面适应了经济适用住房保障性回归、商品性弱化的趋势；另一方面也有利于政府尽量收回经济适用住房的投资成本；此外，还有利于维护社会公平，防止投机者获取过多的政府补贴，挤占本应属于低收入家庭的福利。

总之，保障动机与投资（投机）动机之间的矛盾，实质上体现的是地方政府的政策目标与民众的利益目标之间的矛盾。在经济适用住房总量供应严重不足、住房体系尚未健全的情况下，准入环节的严格监督虽然能起到一定的作用，但也绝非治本之策，依然难以保证所有符合经济适用住房申请标准的家庭都能享有经济适用住房。因此，经济适用住房政策目标的达成，一方面有赖于经济适用住房供应量的增长，另一方面有赖于住房供应体系的调整，经济适用住房要能与廉租房、限价房、公共租赁住房和商品房形成合理的制度体系。

佘　宇　谭梦圆　执笔

第五章　我国经济适用住房政策的内在矛盾及未来走向

中央政府、地方政府、开发企业和部分民众之间的矛盾关系共同影响了经济适用住房政策的发展与演进，也解释了经济适用住房政策在贯彻执行过程中出现的许多问题，例如申购对象及建设标准失控、地方政府缺乏建设积极性、经济适用住房计划经济色彩过重等。经济适用住房政策的本意是政府希望以此克服市场失灵，但却未能有效克服政府失灵，这也成为备受争议的根源。经济适用住房政策的设计和执行，从根本上来说是上述三组关系综合作用的结果。地方政府一度普遍压缩经济适用住房的开发建设量，少数城市（如广州、上海、南京、盐城等）曾进行了取消经济适用住房的尝试。为了正确定位经济适用住房政策的走向，一方面需要考察理论界对于经济适用住房政策的一般看法，另一方面需要考察实践中的新发展。

一、经济适用住房政策的内在矛盾

经济适用住房政策是1998年以来住房改革的重要组成部分，经济适用住房从用地、开发、行政费用、定价和购房等各个环节都能够享受一定的优惠和政府补偿，这样中低收入者也能从市场中购买住房。经济适用住房中包含大量的政府补贴，其目标供给对象是中低收入群体。所出售的住房明显存在一定的收入转移因素，且转移的对象已明确规定为中低收入人群。从理论上看，这一政策有利于弥补因低收入群体支付能力有限所造成的购房困难。但是，这一政策在设计和执行中都存在很多缺陷。

1. 经济适用住房政策的设计缺陷

经济适用住房政策的推行，是政府希望通过行政调节弥补市场失灵，解决中低收入人群的住房困难，然而却未能有效地防止政府失灵，这主要是因为经济适用住房政策本身存在以下设计缺陷。

（1）经济适用住房政策的目标模糊

政策规定的受益群体是中低收入群体，但这一界定没有跟政府补贴的能力挂钩，且对于中低收入群体的划分标准缺乏明确规定，在实际操作中，政府的补贴能力是有限的。由于住房带有不可分割性，经济适用住房政策将大量的政府补贴凝固在销售的每一套住宅上。考虑到补贴的金额，政府其实并没有足够的财力通过这种“补砖头”方式解决低收入人群的住房，更不要说包括中等收入群体。受益面的模糊必然导致经济适用住房严重的供不应求，并导致寻租、违规等一系列争夺经济适用住房资源的行为，增加了政府监管难度。

（2）经济适用住房政策缺乏市场基础

经济适用住房政策的本质是在政府提供一定优惠的条件下，期望市场也能够让利，基本思路主要集中在如何克服市场中供给方没有积极性提供中低档住房的做法，并通过住房销售最终把利益真正转给购房者。开发商毕竟是私营部门，即使不赔本也不会做无用功，且开发商本身的人力和物力也是有限的，更何况经济适用住房开发的机会成本并不低。经济适用住房政策本身并没有明确开发商能享有什么利益。有的开发商利用经济适用住房获得土地，然后利用二期工程转营商品房的做法，就是要最大限度利用商品房增加收益，经济适用住房不过是获得这一收益的跳板。由于给予开发商的利润空间很小，经济适用住房政策本身很难调动私人开发商提供中低档住房的积极性，反而对原本有意开发中低档住房的开发企业造成了排挤效应。

（3）经济适用住房政策仍存在盲点

到目前为止，多数经济适用住房还建成不久，维修和物业管理等尚未提到议事日程。由于经济适用住房毕竟和商品房不同，尽管有些地方对经济适用住房的物业管理收取相对低廉的管理费，但这难免意味着相应的服务和维修水平也可能降低，且已经出现了经济适用住房业主对物业管理不满的状况。反过来看，如果物业公司不能获得与管理商品房一样的收益，自然不会有积极性去提供同样的服务。

2. 经济适用住房政策的执行问题

经济适用住房政策在设计中的缺陷必然导致执行中的种种问题，由于地方政府、开发企业和购买群体之间的利益并不完全一致，经济适用住房在执行中的许多现象都违背了政策初衷，主要表现在以下几个方面。

（1）受益群体偏离政策目标

由于政策目标规定的模糊性，经济适用住房政策的受益人不一定与政策预想一致。有些地方经济适用住房申购的收入标准过高，导致政府补贴被中高收入人群获得，有些地方即使有较为明确的申购标准，却缺乏有效的个人收入核查手段，这些往往导致最需要政府补贴的低收入人群反而得不到保障。

（2）开发企业利用优惠政策

政府对开发经济适用住房的企业提供土地、税收、融资等方面的政策优惠，希望以此调动开发企业提供中低档住房的积极性，然而在追求利润的动机下，各地都出现了开发企业利用经济适用住房政策套用土地中途改变用途的做法，将原本用于经济适用住房的土地用于开发商品住房。

（3）购买家庭的套利行为

在购得经济适用住房以后，一些家庭不顾政策规定，将经济适用住房用于出租或上市交易，将政府补贴所形成的利益迅速变现，这显然违背了利用经济适用住房解决无能力购房者住房困难的初衷。

（4）政府的高监管成本

由于经济适用住房政策是一种间接补贴的方式，政府需要通过监管开发企业以保证政府补贴能最终到达住房者手中；同时，又必须对购房人资格进行严格审查，以避免受益对象的失衡。因此，政府必须在建设环节、资格审查环节、售后管理环节投入巨大的人力、物力、财力，这极大提高了政府的监管成本。

二、经济适用住房政策的未来走向

1. 经济适用住房政策的新发展

以北京市为例，其经济适用住房政策在近几年出现了一些新的变化，预示着该政策的调整，主要体现在：出现新的制度供给，以及建设规模、政策定位和运作方式的一些改变。这些新的发展可以作为判断北京市经济适用住房政策未来走向的重要依据。

（1）保障性住房政策出现新的制度供给

2006 年北京市启动限价房制度，2009 年 8 月开始实施公共租赁住房制度，至此，北京市住房体系形成了廉租房、经济适用住房、限价房、公共租赁住房和商品房并存的体系。北京市“十二五”规划强调要提高公租房在保障房供应中的比例，鼓励住房租赁消费，鼓励群众通过租赁形式解决住房问题；并规定北京市公租房的供应比例，要占全部公开配租配售保障房的 60% 以上。

（2）保障性住房的覆盖范围进一步扩大

北京市的住房政策将把 60% 的人纳入保障政策体系，20% 的居民（中等收入者及中低收入者）可以享受“两限房”政策，20% 的居民（中低收入者）可以租赁公租房或购买经济适用住房，20% 的居民（低收入者）可以享受经济适用住房、公租房和廉租房政策。

(3) 保障性住房占住房市场的比例增加

2006 年、2007 年北京市保障性住房比例在住房市场的 10% 以下，2008 年政策性住房有所增加，但是包括“两限房”在内的政策性住房比例也只有 20% 多。2009 年政策性住房竣工 229 万平方米，只有住房竣工面积的 14%。2010 年保障性住房土地供给的面积增加到 50%[①]，这一比例意味着北京市住房供给将会发生一个结构性变化以及保障性住房政策理念上的转折，住房保障将由特惠模式转向中间模式[②]。

(4) 保障性住房的建设力度进一步加强

“十二五”期间，北京市将全面实现“住有所居”的目标，计划建设收购各类保障房 100 万套，其中公租房（含廉租房）为 30 万套，限价房和经适房为 20 万套，旧城人口疏解对接安置和棚户区改造定向安置房 10 万套；城乡接合部整治、土地储备和重点工程拆迁等定向安置房 40 万套。此外，还将为 10 万户住房困难家庭发放住房补贴。“十二五”期间，北京市将对所有符合保障条件的家庭实行“应保尽保”[③]。

(5) 经济适用住房的政策定位调整

北京市提出要科学确立经济适用住房的政策目标，逐步实现经济适用住房由政策性商品住房向保障类住房的过渡。

(6) 经济适用住房的运作模式调整

北京市提出要转变经济适用住房的供应模式，从“销售为主”逐步向“租售并举”过渡，将经济适用住房的租售比提高到 1∶4 左右。北京市“十二五”规划中鼓励住房租赁消费，鼓励群众通过租赁形式解决住房问题。

(7) 经济适用住房的交易管理调整

北京市在住房建设规划 2006 ~ 2010 年中提出，对今后新建和销售的经济适用住房探索建立包括“内循环”在内的相关制度。加强建设、销售、流转全过程管理，从而制止违规购买、谋取不正当利益的行为。

---

①② 资料来源：《2010 年北京社会建设分析报告》。

③ 资料来源：北京市“十二五”规划。

2. 经济适用住房的走向分析

(1) 经济适用住房在保障性住房中的地位逐渐弱化

中低收入家庭住房保障供应方式多样化，经济适用住房占比会有所减少。1998年开始实施经济适用住房政策时，希望通过这一政策的单一途径解决占总人口70%～80%的中低人群的住房困难问题。

以北京市为例，实践中暴露的各种问题使其不断完善经济适用住房政策的同时，也积极探索新的制度供给（即一方面加强廉租房制度，另一方面从2006年开始启动限价房试点，2009年8月开始实施公共租赁住房制度）。目前中低收入群体的住房已经具备了廉租房、经济适用住房、公共租赁住房和限价房四种供应方式。经济适用住房由最开始的主体地位（占住房比例的70%～80%的政策目标），调整为重要地位，与廉租房、公租房一起占住宅供应的40%。

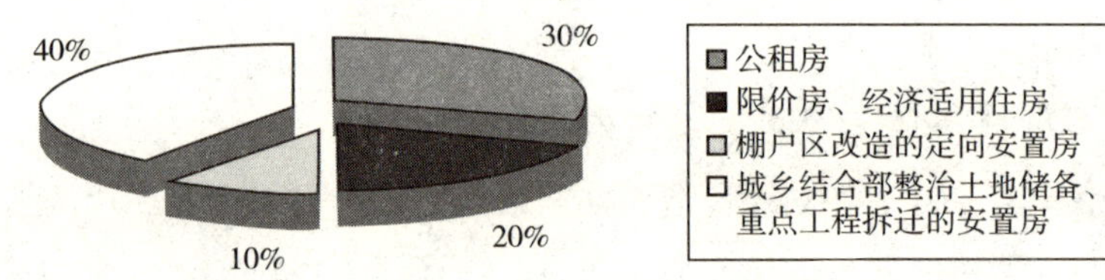

图5.1 “十二五”期间北京市各类保障房建设计划

“十二五”期间，经济适用住房和限价房一起仅占新建保障性住房的20%，反映了经济适用住房在保障性住房中的地位逐渐弱化。

(2) 经济适用住房的政策空间进一步缩小

经济适用住房已被明确地定位为保障性住房，与最开始的“政策性商品住房”的定位有了本质区别。根据北京市的政策安排，目前的经济适用住房可分为两部分：一部分是销售型经济适用住房，另一部分是租赁型经济适用住房。随着2006年限价房制度、2009年公共租赁住房制度的推出，这两类经济适用住房都有被其他住房政策取代的可能性。

表 5.1　廉租房、经济适用住房、限价房与公租房的比较

	性质	供应对象	收入标准（3 人家庭）	面积标准	实施方式
廉租房	具有社会保障性质的普通住宅①	城市最低收入住房困难家庭	家庭年收入在 20880 元及以下；人均住房使用面积在 $7.5m^2$ 及以下；家庭总资产净值在 30 万元及以下②	$50m^2$ 以下为主，一居室 $35m^2$ 以下，二居室 $50m^2$ 以下	1. 租金补贴（$<7.5m^2$） 2. 租金减免（$=7.5m^2$） 3. 还贷购房（低保家庭） 4. 实物配租（优抚、孤老、重残等特殊家庭）
经济适用住房	政策性住房③	城市中低收入住房困难家庭；特殊困难群体可优先配售	家庭年收入在 45300 元及以下；人均住房使用面积在 $10m^2$ 及以下；家庭总资产净值在 36 万元及以下④	中套 $80m^2$ 左右，小套 60 m^2 左右⑤	采取"补砖头"的保障方式，在实物供给上提供优惠
限价房	普通商品住房⑥	中等收入住房困难的城镇居民家庭、征地拆迁过程中涉及的农民家庭	家庭年收入在 88000 元及以下；人均住房使用面积在 $15m^2$ 及以下；家庭总资产净值在 57 万元及以下⑦	$90m^2$ 以下为主，一居室 $60m^2$ 以下，二居室 $75m^2$ 以下	限制销售价格、住房套型面积和销售对象，价格低于周边商品房价格的 10% ~15%
公租房	政策性出租住房⑧	中低收入住房困难家庭	已通过廉租住房、经适房、限价房资格审核尚在轮候的家庭以及其他住房困难家庭	一、二居室小户型	租金优惠，租赁期限不得超过 5 年

注：①廉租房定义：政府在住房领域实施社会保障职能，向最低收入家庭和其他特殊家庭提供的租金补贴或者以低廉租金配租的具有社会保障性质的普通住宅。②资料来源：《关于印发北京市廉租住房、经济适用住房家庭收入、住房、资产准入标准的通知》。③资料来源：《北京市经济适用住房管理办法（试行）》，第二条，"经济适用住房是指政府提供优惠政策，限定建设标准、供应对象和销售价格，向低收入住房困难家庭出售的具有保障性质的政策性住房"。④资料来源：《关于印发北京市廉租住房、经济适用住房家庭收入、住房、资产准入标准的通知》。⑤资料来源：《北京市住房建设规划 2006 - 2010》。⑥资料来源：《北京市限价商品住房管理办法（试行）》，第二条："限价房是政府采取招标、拍卖、挂牌方式出让商品住房用地时，提出限制销售价格、住房套型面积和销售对象等要求，由建设单位通过公开竞争方式取得土地，进行开发建设和定向销售的普通商品住房"。⑦资料来源：《北京限价房申购家庭收入及住房和资产准入标准》。⑧资料来源：《北京市公共租赁住房管理办法（试行）》，2009 年 8 月。

第一，销售型经济适用住房存在与限价房接轨的趋势。

物品一旦进入市场流通领域，就被赋予了商品的属性，经济适用住房进入销售过程也意味着其商品属性的增强。由于经济适用住房在逐步向保障性住房回归，逐步减少销售量、以租为主将是其发展趋势。

北京市限价房的市场定位是一种介于经济适用住房与商品住房之间的特定商品住房，具有过渡性，主要面对既无能力购买普通商品房、又超过经济适用住房购买条件的中等收入家庭。与经济适用住房相比，限价房的市场性更强，在住房购买市场上具有更强的生命力，例如土地仍然以招标方式运作，土地使用权性质为出让土地，而经济适用住房采取划拨用地（微利3%）和政府最终审定房价的模式，这就使限价房更容易为利益相关各方所接受，限价房的出现将在某种程度上替代经济适用住房的作用。

目前，北京市经济适用住房的供应量已呈递减趋势，且趋于定向销售，对市场的调节能力也在逐渐减弱，而限价房的购买对象则有可能进一步扩大，销售型经济适用住房有可能被限价房替代。

第二，租赁型经济适用住房可能被公租房替代。

北京市住房保障向以租为主已成为一个必然趋势。在这一大趋势下，经济适用住房政策也开始租售并举，大力发展租赁型经济适用住房。租赁型经济适用住房被认为是一种更公平、更有效的新模式，具有可循环性，有利于避免成为投资工具。在推出公共租赁住房制度以前，北京市的住房保障体系主要由廉租房和经济适用住房构成，廉租房虽然采用租赁的供应模式，但由于供应对象限定为特别困难的低收入人群，对租赁型经济适用住房的替代效应并不明显。

2009 年北京市开始实施公共租赁住房，这是由政府提供政策支持，限定户型面积、供应对象和租金水平，面向本市中低收入住房困难家庭等群体出租的住房，供应对象包括已通过廉租住房、经济适用住房、限价商品住房资格审核尚在轮候的家庭以及其他住房困难家庭。北京市“十二五”规划中明确规定公共租赁住房要占新建保障性住房的60%（其建设规模为 30 万套），限价房和经济适用住房为 20 万套，公共租赁住房在“十二五”规划期间成为保障性住房的“主角”，对租赁型经济适用住房和廉租房都构成了很强的替代效应。

随着租赁住房的比例不断加大，将实现公共租赁住房和廉租房供应渠道等方面的并轨。廉租房家庭租住公共租赁住房，虽然公共租赁住房的租金比廉租房要高，但廉租户可以享受廉租房的租金补贴，用租金补贴冲抵部分房租，仍然可以享受到低租金待遇。公共租赁住房和廉租房的并轨实质上形成了一个新的政策空间，使公共租赁住房制度同时覆盖了廉租房和经济适用住房的供应人群。符合经济适用住房购买资格的家庭，在得到经济适用住房之前可以租用公共租赁住房，这就使租赁型经济适用住房失去了存在空间。随着公共租赁住房规模的逐步扩大，对租赁型经济适用住房的替代效应将日益明显。

(3) 经济适用住房用于定向销售

从 2005 年开始，北京市实行了经济适用住房定向销售政策，定向销售的对象是城八区当年解危排险、城中村改造、重点工程和奥运工程的拆迁户。这是自 1998 年经济适用住房政策实施以来做出的最大调整。购买经济适用住房有两个步骤：一是先要取得购房资格，二是按定向销售政策登记确认指标①。

北京市“十一五”期间危改、文保和市政建设、奥运场馆建设、城中村整治等造成的拆迁居民量比较大，每年拆迁约 6 万 ~7 万户（仅城八区就约有 2 万 ~3 万户）。这部分居民的住房保障是亟需解决的重要任务，但是，按照每年 200 万平方米的经济适用住房供给数量②，只能解决半数拆迁户的住房问题。换言之，优先定向销售的拆迁户的住房需求尚不能完全满足，因此，很难有富余的经济适用住房销售给非定向销售人群。正是在这种情况下，北京市经济适用住房的供给方式事实上已经转为定向销售。

(4) 经济适用住房保障性回归

北京市经济适用住房将进一步向保障性住房回归，这主要体现在准入和退出两个环节：①在准入环节上，受益群体范围定向化，由一般模式向特惠模式转变，定向销售给拆迁户。②在退出环节上，逐步由自由流通模式向内循环模

---

① 资料来源：北京市住房建设委员会。

② 《北京住房建设规划（2006 年 –2010 年）》提出：“‘十一五’期间，经济适用住房建设规模约 1500 万平方米，约 21 万套；而在 2008 年之前，经济适用住房建设规模力争完成 800 万平方米，约 11 万套。”按照这个量，每年需要推出不少于 200 万平方米的经济适用住房。

式过渡，低收入家庭购得经济适用住房后只能用于家庭居住，不得转售或出租；购房家庭在转手经济适用住房时，只能出售给政府，由政府进行重新分配给其他符合购房条件的低收入家庭，实现经济适用住房在低收入群体中的良性循环。准入和退出环节的严格限制，突出了经济适用住房的政策性和保障性，标志着经济适用住房的保障性特征逐步加强。

3. 小结

经济适用住房政策推行以来，政府的基本理念主要集中在如何让中低收入家庭“有房住”，强调的是保障中低收入家庭的“房产权”而非“居住权”。在政策实施的过程中，政府假定不同收入类型的购房者在市场上是严格分离的，住房分层供应体系的形成会自然地将各种类型的购买人群归入各自的购买空间。这必然要求政府实行严格的准入限制，提高了政府的监管成本，也难以避免“设租”和“寻租”的大量出现，买者“富人化”和监管“失控化”成为社会对经济适用住房不满的焦点。

短期内，经济适用住房政策依然会存在，但将重新定义和进一步规范。在土地资源稀缺、房价居高不下的情况下，政府必须保证一定数量的经济适用住房供应。但根据现实情况，经济适用住房已不可能达到当初设计的人口覆盖范围目标（80%），只能将低收入者视为购房对象，把10%～20%左右的经济适用住房真正分配到低收入者手中，目前的趋势是定向分配给拆迁户。同时，在建设、分配、管理等环节进一步规范经济适用住房，例如尝试经济适用住房的内循环制度，完善个人收入审查制度和公示制度，加强开发企业资格审查和建设管理制度等。

从长期来看，经济适用住房政策的基本理念将逐步转变，由保障居民“人人有住房”到“人人有房住”，由保障中低收入家庭的“房产权”转变到优先保障他们的“居住权”，由经济适用住房“自由流通”的模式转变为逐步实施经济适用住房的“内循环”模式，由偏重经济适用住房建设规模的扩大转变为把经济适用住房建设同维护经济适用住房小区的稳定与和谐相结合，由着眼于经济适用住房的“应急式”建设转变为兼顾制定经济适用住房的中长期整体规划。通过公共服务等制度的完善，矫正社会不公，逐步实现相关政府部门从权力型、市场参与型向公共服务型、管制协调型的转变。

在这一转变的过程中，经济适用住房可能逐步让位于公共租赁住房，鼓励住房租赁消费将会成为政府提供住房保障的主要方式。以北京市为例，作为特大型城市，人口、资源和环境压力大，土地资源十分紧张，单纯以出售为主的住房供应模式注定难以持续，“十二五”期间公租房的供应比例，要占全部公开配租配售保障房的60%以上，公共租赁住房占保障性住房的比例将逐步上升，而经济适用住房的主体地位将逐步被公共租赁住房所代替。

佘　宇　执笔

第六章　进一步完善我国经济适用住房政策的若干建议

经济适用住房政策实施以来，在推进我国住房制度改革、改善住房供应结构、解决中低收入家庭住房困难、平抑住房价格等方面[①]都发挥了重要的作用。但这一政策在实施过程中也出现了不少问题，例如，销售行为不规范、供应对象失控，户型面积偏大、建设标准偏豪华，价格缺乏有效控制、价格优势不明显，土地利用监管不到位、开发计划脱离实际，等等。究其原因，有的是思想认识上的偏差，有的是政策执行的不力，还有的是政策本身的不完善和制度上的不健全所造成。因此，进一步完善我国经济适用住房政策，既要针对存在的突出问题，继续抓好经济适用住房建设，严格执行现行经济适用住房管理的各项政策，加大监管力度，制止违规购买、牟取不正当利益的行为；又要着眼长远，统筹考虑经济适用住房与廉租房、两限房、公租房等的衔接，积极完善住房保障体系，更好地发挥其为低收入家庭改善住房条件的作用。

一、基于三组关系的思路框架

从长期来看，作为我国住房保障体系组成部分的经济适用住房政策应完成

① 从解决中低收入家庭住房困难的角度来看，1998～2008年经济适用住房的销售面积累计达到37110.38万平方米，竣工套数累计达到4810853套。换言之，在经济适用住房政策实施较为迅速的11年间，大体可累计解决约481万户中低收入家庭的住房困难问题。从平抑住房价格的角度来看，经济适用住房价格一直低于商品房价格，比例大约为商品房价格的50%～60%，2007年经济适用住房的销售价格仅为商品房销售价格的45%左右。可见，经济适用住房政策的实施，有效地降低了住房平均价格，由于价格更适合中低收入家庭的购买能力，因此在一定程度上也刺激了内需。

其历史使命而逐渐消亡；从中期来看，经济适用住房政策应逐渐打通与其他各类保障性住房政策的衔接（如，租赁型经济适用住房与廉租房一同融入公租房体系，销售型经济适用住房逐渐与限价房实现接轨等）；从短期来看，经济适用住房政策应予以保留，但需要对这一政策进行完善。

强调经济适用住房政策在短期内保留，理由主要在于：首先，无论是经济适用住房本身还是整个保障性住房体系都面临着较大的供应缺口①；其次，由于多方面的原因，经济适用住房在一些地方无论是存量还是增量，在保障性住房中都占有相当大比重②，甚至占据主体地位。因此，取消经济适用住房之后所留下的供应缺口，在短期内恐怕仍然很难通过其他保障性住房予以弥补。为解决原经济适用住房保障对象的住房需求，政府需要在短期内提供大量的廉租房、公租房等其他保障性住房。相较于经济适用住房建设资金回笼较快的优势，廉租房、公租房的大量建设势必增加政府的财政负担，且至少从短期来看没有更好的解决办法。因此，保留经济适用住房政策仍是政府短期内的最优选项。

总之，近期完善我国经济适用住房政策，应基于三组关系的思路框架（如图 6.1 所示），着眼于建设多少、怎么建设、如何分配、怎样管理（产权、

---

① 截至 2007 年年底，我国经济适用住房的建设套数为 5107071 套，若按 2005 年进行的 1% 人口抽样调查数据，城市家庭总户数 15300 万户计算，经济适用住房的建设套数为总户数的 3.34%。2007 年前，我国经济适用住房的供应对象已收缩到中等偏下收入家庭，根据七等分法，除去最低收入家庭有廉租房保障外，中等偏下收入家庭和低收入家庭占到 30%。而从 2005 年居民住房情况看，人均居住面积 15 平方米以下的可以占到 25% 左右。可见经济适用住房的建设缺口仍然较大。特别是由于供应对象的偏差、经济适用住房的供应对象范围较大，且 2007 年后未能快速调整，因此支付能力高的经济适用住房购买群体具有绝对优势，造成经济适用住房和廉租房的居民群体之间出现巨大的“夹心层”，这使得本身已供不应求的保障性住房的保障效果大打折扣。此外，虽然目前国家和各地已开始重视流动人口的住房问题，但相比庞大的流动人口群体来说，解决的力度只是杯水车薪。若以我国城镇家庭 30% ~40% 的比例提供公共住房，而流动人口工资仅为户籍劳动力的 60% 左右计算，至少要有 50% 以上的流动人口需要政府帮助其解决住房问题。因此，在保障性住房的供应体系中，不仅政策面的偏差会造成供应缺口，而且实际执行面的偏差会造成更大的缺口。

② 以杭州市为例，目前其保障性住房主要包括经济适用住房、廉租房、公租房、限价房等，其中经济适用住房截至 2010 年底已累计公开销售 506.82 万平方米，保障 60455 户；廉租房累计实物配租 7.39 万平方米，保障 9219 户；公租房累计配租 30.71 万平方米，保障 5397 户。杭州市“十二五”规划建设经济适用住房 150 万平方米，2011 年新开工 50 万平方米。又如，成都市目前的保障性住房主要有廉租房、经济适用住房、限价房和公租房四种类型，目前全市累计建设各类保障性住房 11 万套、717 万平方米，其中，经济适用住房 2 万套（占比为 18%）、152 万平方米（占比为 21%）。即便在成都市“十二五”规划中，经济适用住房的建设套数只有 5 万套，但仍占到整个保障性住房的 13% 以上。

收益、退出、循环等）等重要环节进行。需要强调的是，有些方面在现有政策规定中已经非常明确，下一步关键是如何真正落实；有些方面则是需要对现有政策规定予以修改与完善的。

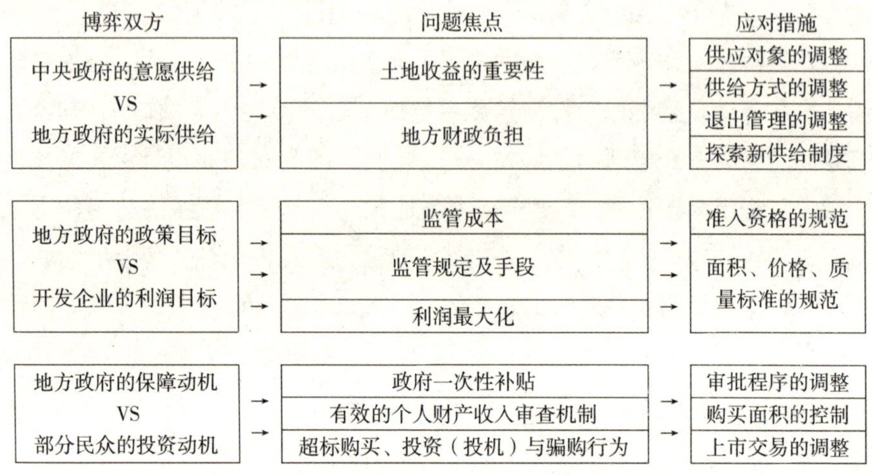

图 6.1　近期完善我国经济适用住房政策的思路框架

二、近期完善我国经济适用住房政策的若干建议

1. 明确政策目标，限定保障对象

（1）淡化经济适用住房的商品性，突出其保障性

经济适用住房的性质定位①直接影响其政策的执行方式和效果。如果说经济适用住房政策形成的背景决定了其政策目标的多重性（即为促进住房投资和个人住房消费，推动城镇住房制度改革，拉动国民经济增长等），偏重于经济适用住房的商品性在特定时期是必要和合理的，那么，在房地产市场日益活

① 从我国经济适用住房政策十几年的实际运行来看，有的地方由于过于偏重其商品性而忽视其保障性，造成优惠政策难以落实到位，让部分不符合保障条件的群体从中获利；少数地方更是由于不能明确经济适用住房到底是保障房还是商品房，造成当地经济适用住房发展缓慢或干脆取消经济适用住房建设。

跃、房改进入深化阶段后，经济适用住房政策的目标就应逐渐回归到“经济”、“适用”的保障初衷，即通过政府对市场机制不能完全发挥作用的住房领域进行干预和调节，切实解决中低收入家庭的住房困难。

（2）以低收入家庭为经济适用住房的主要保障对象

伴随着住房制度改革，我国已基本上形成了政府和市场配置方式相结合、以租赁和买卖为具体居住消费形式的，面向低、中、高不同收入阶层的双轨制、多层次住房供应体系框架思路。鉴于我国现有财力，有必要缩小经济适用住房的保障范围，回避因政策目标群体过于宽泛而使财政投入成为大众化的社会福利，这也不符合我国的财政承受能力；同时，经济适用住房的面积和建设标准也应与低收入家庭承受能力相适应，只能是水平适度的基本保障，这既体现了政策的可持续要求，又使每一个保障对象都能满足基本的生活需求和发展机会，也保证广覆盖的要求。

	政府	政府引导、市场主体	市场
租赁	廉租房 （财政投入）	公租房 （政府干预，市场参与）	商品房租赁市场 （完全市场化）
买卖	经济适用住房 （政府无偿划地、限定利润）	限价房 （限地价、房价，市场主导）	商品房销售市场 （完全市场化）
	低收入	中等偏下收入家庭 阶段性低支付群体	中、高收入

图 6.2 我国城镇住房供应体系的基本框架

2007 年以后，虽然国家政策上已对经济适用住房的供应对象进行了调整，但由于各地的政策惯性，使得很多城市的经济适用住房仍面向有住房困难的中低收入家庭供应。此外，由于受到住房支付能力、收入审核和房价特征等影响，经济适用住房也很难使低收入家庭真正受益。因此，下一步应严格落实中央文件要求，尽快调整各地经济适用住房的保障对象范围，并同步解决低收入家庭受益难的问题。

2. 调整用地制度，扩大房源供给

（1）调整经济适用住房建设现有的土地供应方式

在土地供应方式上，可将现有的经济适用住房建设用地行政划拨（或出

让）改为土地租赁①。这是因为，以行政划拨（或出让）方式为经济适用住房供地，要求政府具有强有力的监管机制，一旦监管不力就容易导致新的寻租和腐败行为。同时，由于政府的土地所有权无法充分体现，行政划拨（或出让）也容易造成土地收益流失。

具体而言，土地划拨的最大问题在于损害了地方政府的直接利益，使其原本可以获得的土地收益大量减少，如果操作不规范，这一政府让渡给保障对象的福利极有可能被开发企业所侵占；土地出让的最大问题在于，一次性支付70年土地使用费用将加大开发企业和保障对象的实际负担（尤其是后者），且政府获得的仅仅是当期土地使用费用（这还是最理想状态），并不能共享未来土地价格可能上涨带来的增值收益。

如果采取土地租赁的方式，改一次性长期出让为按年（月）租赁，则开发企业不必一次性交纳土地租金，而由购房者购房后分期逐步支付土地租金，将房屋价格构成中的土地费用成本进行分散，使现有住房成本大幅下降，从而起到降低经济适用住房价格的作用，同时也有利于刺激居民的购房需求。此外，地方政府也可以根据土地价格上涨同步调整地租标准，从而共享土地增值收益。当然，推行土地租赁还有待于理论研究和有关政策措施（如科学确定地租标准、税率、租赁年限等）的进一步完善，同时，也涉及到国家制定土地租赁法等相关法规以便在操作中有法可依、规范运作。

需要指出的是，调整土地供应方式只是现有政策环境下的次优选择，并不是破解经济适用住房政策所面临难题的最佳方案。只有政府成为经济适用住房的建设主体，开发企业转变成“建筑队”（至于其是否愿意仅仅领取“劳务费”为政府“打工”，那就取决于整个房地产市场的状况。如果在这个市场中极易获得高额利润甚至暴利的状况没有实现根本性扭转，指望开发企业“心

---

① 这种土地供应方式的好处在于：①属于有偿有期限使用土地，使住宅建设用地双轨制变为单轨制；②将地价分摊到70年分期支付，住房总价将大幅下降，从而有效降低购房门槛；③房价和地价分离，便于流通和交易，当住房上市出售时，价款中不含地价，新房主只需支付房价，同时每年继续交纳地租和地税；④政府可根据实际情况调节租金额度和税率，从而实现对经济适用住房政策的调整；⑤为地方政府创造稳定持久的财政收入来源；⑥有利于土地供应的公开、公平、公正，防止划拨和协议出让土地中的不规范行为；⑦抑制地方盲目扩大经济适用住房用地规划，争抢划拨土地指标不良倾向；⑧便于国家延长居住用地的使用期限，使居民能得到更长期的土地使用权。

甘情愿”转变成“建筑队”恐怕并不容易)，围绕土地这一稀缺资源的各种“暗箱操作”、寻租及腐败问题才能真正得到有效解决。

(2) 逐步开放二级市场，扩大经济适用住房供给

经济适用住房不仅局限于新建房，房改过程中的购买公房、安居工程房、集资建房等，因在不同程度上享受了政策优惠，也应属于经济适用住房范围。换言之，经济适用住房包括存量和增量两个部分，且存量占了绝大比例。因此，扩大经济适用住房房源，需要开放二级市场，同时制定相应政策，保证中低收入家庭购买二手经济适用住房时同样享受优惠政策。

3. 建立信用体系，遏制违规行为

(1) 从发放所得税完税证明入手逐步建立个人信用体系

完善的经济适用住房政策及其有效实施，离不开信用体系支持。个人信用体系的建立，可借鉴国外的方式，即提供个人完税证明作为个人信用的重要凭证，同时对个人收入所得税的征收严格把关（为统计方便、准确，在结算方式上以银行卡为主，逐渐取消现金结算，个人收入和家庭财产要定期申报，有关部门定期予以核查)。当然，现阶段我国的完税证明不能完全等同于收入证明，但可从发放个人所得税完税证明开始（2005 年，南京、北京、广州等城市已开始这项工作)，逐步建立我国的个人信用体系，为经济适用住房购房对象的条件审核提供可靠信息。

(2) 附加经济适用住房个人担保制度，切实遏制违规行为

为进一步遏制骗购等违规行为，可考虑附加个人担保制度，即要求每一个经济适用住房申请者都要找到一个担保人（既可以是自然人，也可以是法人)，由其担保申请人收入的真实性，一旦政府主管部门查出骗购行为，即要同时处罚申请人和担保人，从而将目前《经济适用住房管理办法》中规定的“申请经济适用住房必须由单位或街道办事处出具的收入证明和住房证明”、“对出具虚假证明的单位，由经济适用住房主管部门提请有关部门追究单位主要领导的责任”等落到实处，使不符合保障条件的家庭因申请难度加大而选择退出。

4. 调整供应模式，试点补贴办法

（1）从“只售不租”尽快调整到“租售并举”

经济适用住房的保障功能应体现在保障中低收入者有房可住，而不是拥有房产。因此，经济适用住房目前“只售不租”的供应模式应当尽快予以改变。应通过积极发展和大力推广租赁型经济适用住房，实行经济适用住房“租售并举”，有效解决不同层次的中低收入者特别是“夹心层”的住房问题。经济适用住房转为租赁供应以后，可以改变购买者的成本收益，使不符合条件但有购买能力的群体自觉排除在经济适用住房之外，而使那些符合条件、无购房能力但有承租能力的群体可以纳入保障范围，从而有利于保障层面下移，且部分最低收入群体可以承租，最终减少经济适用住房和廉租房之间的缺口。如果考虑到开发企业的成本回收与利润问题，也可采取“先租后买”或“半租半买”等方式。

（2）由“补砖头”逐步过渡到“补人头”

将对供应者提供隐性补贴转化为向需求者提供显性补贴或货币补贴，从而使需求者的购房能力得到提高，同时杜绝开发企业利用政策漏洞牟利。由于政策实施不再经由追求利润最大化的开发企业这一中间环节，而是直接由政府补贴需求者，在很大程度上能起到阻止不符合保障条件的群体侵占经济适用住房的作用。当然，在经济适用住房的供应还不能满足中低收入家庭需要的现阶段，大部分地方仍应实行“补砖头”和“补人头”并举①的政策，而在一些居民整体收入水平较高、房价收入比趋于合理、普通商品房供需平衡、住房二级市场活跃的城市则可率先试点推行“补人头”方式（例如，以“货币直补”

① 取消经济适用住房建设、直接向中低收入者发放住房补贴、让他们自己到市场上去选择住房的“补人头”做法在我国现阶段还不能充分发挥应有效益，原因有三：首先，我国住房供需结构失衡，新建的普通商品住房供应不足，而住房二级市场还不够活跃，中低收入者在市场上可以选择的低价住房比较有限；其次，由于个人工资没有实现市场化、货币化，住房消费资金尚未完全纳入个人工资，再加上政府财力又不允许扩大住房补贴的户数和金额，能够获得货币补贴的中低收入者的住房支付能力并不能得到大幅度提高，依然负担不了市场价商品住房；第三，实施“补人头”要求政府具有较高的市场调控能力，比如对市场需求的预测、土地供应的规模、补贴的额度等都需要通盘考虑，而大多数地方还不具备这样的能力。

为特征的“日照模式”为这种过渡提供了重要借鉴）。

5. 完善政府监管，探索退出机制

（1）借助市场、公众等多方力量，实现政府有效监管

经济适用住房的项目论证、开发、销售等过程都需要政府监管，但政府监管存在成本过高、规定不明确、手段不到位及寻租等问题。因此，对于市场能做的，政府应放手让市场去做；对于市场可能发生失灵的，则应做好进一步权衡即行政方式如何切入、切入点在何处的问题。政府的主要责任应在于提供一个公平、公开、公正的规则，从制度上建立低收入家庭住房保障机制，完善经济适用住房政策体系，在监管时也要借助市场力量，如公开操作过程中的信息，强化开发企业的同业监督、媒体监督、公众监督，建立和完善核查机制，培育非营利组织或企业作为收入核查第三方。

（2）以“共有产权”为抓手，探索经济适用住房退出机制

从发展方向来看，“共有产权”① 可能是实现政府投入的收益权、提供更为灵活的退出机制、体现经济适用住房保障目标的一种有效途径。对于那些暂时没有能力支付经济适用住房价款，而未来收入预期较好的家庭，可考虑租售结合，即政府暂时拥有产权，以租代售。时机成熟后，租户可享有优先购买权；对于经济条件改善较为明显的家庭，通过设定合理的退出机制，鼓励其退出经济适用住房的补贴范围，并在不增加财政负担的情况下收纳新的应补贴对象，从而提高经济适用住房的使用效率。此外，共有产权实际上也解决了政府一次性补贴带来的问题，从而在一定程度上防止那些不符合保障条件的群体对

---

① “共有产权”的主要内容是：政府与个人共有经济适用住房产权，即将政府用于建房的财政性支出（主要包括减免的土地出让收益和税费）转化为投资，政府按投资比例拥有房屋部分产权和相应权利，而受助购房者获得住房完全的占有权和使用权。当受助家庭收入提高、不符合补贴标准时，政府依法行使收益权和处分权，或向对方转让产权收回投资；或收购对方产权，收回房屋的全部占有权和使用权；或在市场公开出售，双方按产权比例分配收益。其优势在于：①把政府投入到经济适用住房中的资源明确为产权，当房屋发生处置行为时，政府通过产权比例行使收益权，可将此笔投入收回，甚至可享受到房产增值的部分收益，这比传统的再上市交易时补缴土地收益的做法更具操作性；②当购房人收入上升、不在具备享受住房保障条件时，政府可购回个人拥有的产权，将房屋转给更需要的人使用，这是传统方式下不具备的灵活退出机制。

经济适用住房这一稀缺资源的争夺，减少其为了出售或出租以获利需要而发生超标购买甚至骗购等违规行为。

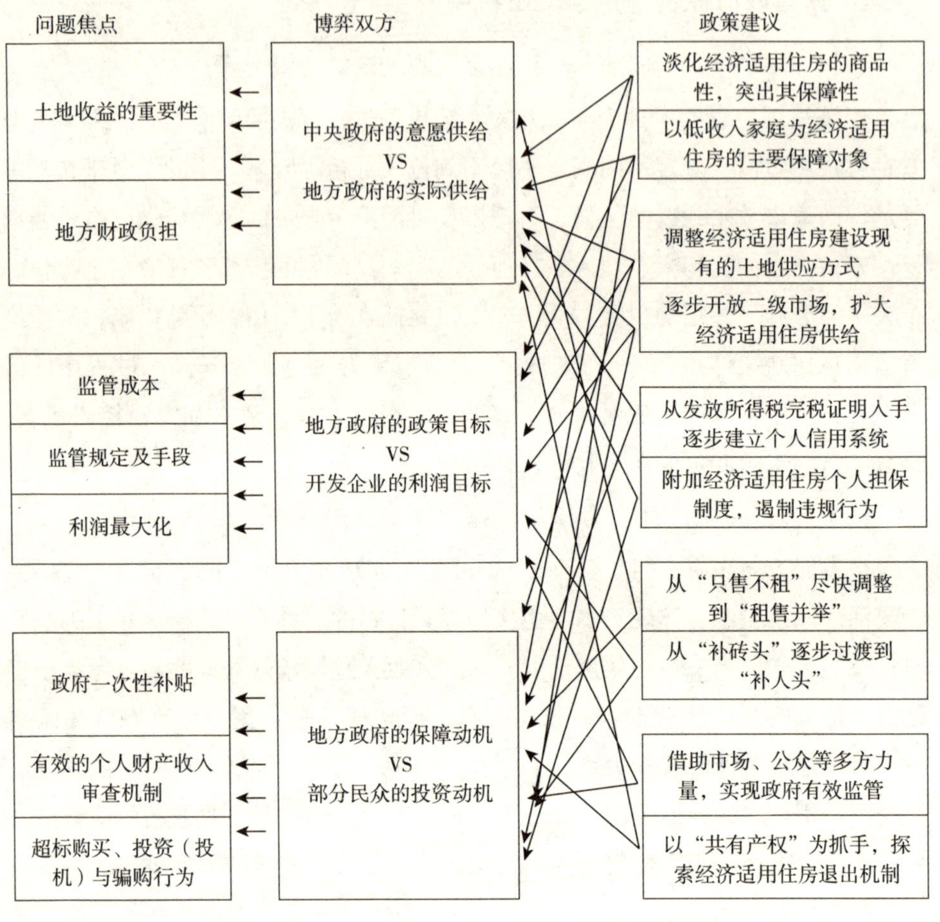

图 6.3　近期完善经济适用住房政策若干建议的基本逻辑

佘　宇　执笔

附件一　开征房地产税的框架、难点及影响[①]

为进一步加强和改善房地产市场调控，稳定市场预期，促进房地产市场平稳健康发展，2010年以来我国政府接连下发了“新国四条”、“新国十条”等一系列政策措施遏制房价过快上涨。尤其是被业界称为“新国十条”的楼市新政从政府监管、金融政策、交易税费、土地交易、房源供应等多方面作了严格规定，被称为“有史以来力度最大的一次楼市调控 ”。但遗憾的是，密集的调控政策并没有在调控房价方面发挥立竿见影的效果，政府出台一系列组合拳，到底是“调控”还是“空调”引起市场各方的热烈讨论。因此，在一轮又一轮的地产新政出台后，中国楼市仰首等待的最后一只靴子是房地产税。

开征房地产税的端倪首次出现在国务院2010年4月17日发布的“新国十条”中，在这份旨在调控高房价的文件中提到，要加快研究制定“引导个人合理住房消费、调节个人房产收益的税收政策”。5月底，国务院在批转国家发改委《关于2010年深化经济体制改革重点工作的意见》中再次明确提出要“逐步推进房产税改革”，又引发了关于开征房地产税的利害得失的新一轮热议。

一、房地产税的框架

从2003年正式提出一直到2009年，民众熟悉的词汇都是“物业税”；但

---

① 原文载于《中国改革》2010年第8期，略有改动。

是2010年财政部的工作重点里开始改称“房产税”，之后官方和民间都用起了新名字。所以外界普遍将名称的改变解读为中央希望绕过复杂的立法程序，尽快推动房地产税的出台。

其实，“物业税”这种说法并不好。一是容易引起误解，叫物业税的只有香港，而在香港相当于我们房地产税的税种叫“差饷”；二是物业费普遍都在收，又收物业税又收物业费，到底是什么税会被老百姓误解，所以还是应该叫房地产税，或者叫不动产税。

至于说“外界普遍将名称的改变解读为中央希望绕过复杂的立法程序，尽快推动房地产税的出台”，这个问题并不存在。虽然以前有房地产税，但这个税跟将要开征的新型房地产税是不一样的。房地产税原来的征收条例对税基、税率等都有详细的规定，新房地产税跟老房地产税肯定大不相同，不可能依据老的法规条例来征收新的房地产税。

国务院发展研究中心课题组曾于2004～2006年期间对房地产税做过系统研究，其内容涉及房地产税的基础理论、税制设计以及开征后的可能影响。当下各种论述，实际上均未超出当初研究的范围。当初我们对房地产税框架性设计的相关要点主要包括以下几方面：

一是，房地产税是财产税性质的赋税，其课税对象是企业和个人所拥有的不动产。

二是，房地产税不是“将一次性收取的土地出让金分年收取”，土地出让金属于地租的范畴，“租”与“税”有本质的不同。

三是，在不动产的保有环节，将现有房地产税和城镇土地使用税合并为统一的房地产税，简化税种，彻底改变目前房地产税制流通环节畸重、保有环节畸轻的现状。

四是，以房地产的市场评估价值为计税依据。同时规定一定额度的免征额，以体现保障公民基本居住需求的政策取向。

五是，对每个纳税主体以其拥有的全部房地产价值作为征税对象。

六是，免征额和税率的设计要使结果大体符合“二八原则”，即80%的税收来自20%的纳税主体，各地居住条件低于平均水平以下的居民，无需纳税或只需交纳很少的税。

七是，对于税率和免征额的确定，给予地方政府一定的自由裁量权。

八是，房地产税作为地方税，并成为级次较低的地方政府的主要税收来源。

九是，首先对工商企业所属不动产和城市高档居住用房开征，然后逐步将其他居民用房等纳入征收范围。

十是，在开征房地产税的同时，全面清理现行房地产税费，做到有增有减，不提高总体税负水平。

二、房地产税的难点

2003 年至今，物业税不断进入公众视野，但在实际操作中却一再搁浅；与此同时，财政部和国家税务总局分 3 批在北京、辽宁、深圳等 10 余省区市开展了模拟评税试点工作，但至今还没有城市进行实转。对于物业税到底该不该征收以及何时征收等相关问题，权威部门仍无定论。

需要注意到，房地产税征收的准备工作一直都在做，模拟评税在全国各个省市也都在试点。一般来说，某个税的征收不会在某个城市进行实质性试点，最好是全国一起来征收，现在需要做的基础性工作一方面是评税机制、技术、机构设置需要进一步落实，实际征收时到底由什么机构来落实还没有定论，还需要研究和协调；另外，对房地产市场基础数据的收集和完善，比如具体到每一套房子是谁的、或者说谁的名下有什么样的房子都能把握得比较清楚时，才能给实际的征收打下较好的基础。另外，开征房地产税不一定要全面铺开，可以先从高端物业，比如说商业地产、别墅等高档房产开始征收，然后再逐步扩大到一般居民的普通住宅。

对于房地产税征收是否已经成熟的问题，从当前情况来看，商业地产、企业用地产可以开始征收，但要扩展到全部居民拥有的住宅还需要一定时间的准备。针对所有居民征收房地产税的难点主要是普通老百姓还没有跟税务机关打交道的习惯，没有主动纳税的传统。一般的税都是从源头征收的，比如从工资里直接扣除，要改变这种观念也不是件容易的事情；另外，针对每家每户进行征税的工作量相当大，税务机关还没有做好相应的机制、机构上的准备；目前，税务机关除了进行模拟评税外，做好税收宣传也是不容忽视的一项工作。

三、房地产税的影响

从当前情况来看，权威部门对是否开征、何时开征房地产税虽然“举棋难定”。但从长远来看，征收是大势所趋，而一旦征收也必将会给市场各方带来影响。

与此相关的是，土地出让金是否继续保留还是与房地产税合并？土地出让金与房地产税是完全不同的两个东西，土地出让金是国家作为国有土地的所有者在进行土地出让时应取得的收益，是应该继续保留的，不存在与房地产税合并的问题。但目前土地出让金一个重大的缺陷是一次性来收取。土地出让金实际上就是地租的概念，土地出让金一次性征收就相当于把未来 70 年的地租都一次性预收了，这就造成财政机制上现任政府“寅吃卯粮”，把未来政府应获得的收益都纳入现阶段的财政收入了。所以，土地出让金的收取跟房地产税改革应同步进行，也就是说土地出让金也要分年收取。

毫无疑问，开征房地产税可抑制投机，调节收入差距。房地产兼具消费品和投资品的双重属性。房地产市场上的需求，也可分为自住性需求和投资性需求两种。众多事实表明，中国房地产市场中投资性购房需求占总需求的比重正在上升，投机因素的加大，使房地产市场中的泡沫成分已不容忽视。

开征房地产税，好处之一在于改变房地产投资的相对优势，进而抑制投资需求。这是因为，房地产税的开征一是减弱了投资人对物业区位升值的分享。如若房产价值提升，则房地产税负相应加重，持有成本增加，投资回收期延长；若房屋价值稳定或下滑，则房地产税负平稳或偏低，但投资处于失利状态。二是降低了房地产投资的税负优势。在开征房地产税前，与生产性投资相比，由于房屋所有人可不缴纳所得税，从而使投资拥有房地产坐待升值，不必为保有纳税而成为更加“合算”的投资选择。

好处之二是有利于调节收入差距。不动产是居民财富最主要的形式。在我们的税制设计方案中，应保证“富者多交”，符合“二八原则”，即 20% 的高收入者承担 80% 的税收。财富多的家庭多交房地产税，有利于调节社会收入差距。这也是开征房地产税的重要目标之一。开征房地产税有利于抑制奢侈性需求。房地产税的开征初期，别墅等高档物业可能被首先列入征税范围。税负的增加将在一定程度上抑制过分奢华的居住需求。也就是说，房地产税的开征，一方面可以通过税收手段抑制富人过度占有资源，特别是占有优质资源；另一方面可以使政府获取更多的资源，完善住房保障体系，帮助低收入阶层和住房困难群体获得住房或改善住房条件。

需要注意的是，如果房地产税采用累进税率，则其抑制投资性需求和奢侈性需求的作用都将增强。但累进税率存在着累进级距不易把握、计算比较复杂、征税成本相对较高、有可能打击纳税人的生产经营积极性的缺点，还需进一步深入探讨。

开征房地产税在一定程度上有利于自住性需求的实现。设计房地产税制度的一项重要考虑是，体现国家保障居民基本居住需求的政策导向，各地居住条件低于平均水平以下的居民，无需纳税或只需要交很少的税。同时，新型房地产税的出台还将伴随着房地产交易环节税费的大幅度清理和废止。这样，与现行房地产税费制度相比，过去在购房时须由购房者直接承担的那部分税费负担将大幅度减轻。这样的制度设计，特别对于中等收入水平的居民而言，将在一定程度上有利于其自住性需求的实现。

开征房地产税有利于增加二手房供给，提高住宅利用效率。从流动性的角度考虑，开征房地产税，可增加投资者的持房成本，加快将房产投入市场的速度，有助于抑制房地产泡沫，促进房地产业的健康发展。

以北京为例，2006 年北京二手房总存量大约有 500 万套，按照 6% 的正常流转量计算，当年二手房交易量应在30万套左右，但是实际上北京二手房2006年的交易量仅为7.5万套。究其原因，根本还是保有环节无负担以及房价的快速上涨。

一旦开征房地产税，将增大业主的持有成本，房产所有者将有动力充分利用闲置的资源，或把闲置的房产转移给有实际需求的人，从而提高房产资源的利用率。同时，由此带来的二手房市场供应量的增加对稳定房价具有十分积极的意义。

更为深刻的影响是，对企业与居民的不动产开征财产税性质的房地产税，将有力地推动各级政府加强对财产权（物权）的保护，而这是市场经济的基石。房地产税将成为地方政府稳定的财政收入来源，有利于建立“与事权相匹配”的财政管理体制，理顺各级政府间的关系，增强政府的执政能力。

房地产税的开征，将为地方财政提供相对稳定的税收，成为较低层级政府的重要财源，使得地方政府有动力调整以工商业发展为中心的政策导向，为住宅建设与人居环境改善投入更多的资源和资金，增加对住宅用地的供给。

同时，环境污染与土地资源浪费的减少，将从整体上改善居住条件与环境，使房地产总值进一步提升，进而提升房地产税的税收收入，使整个社会的经济发展步入良性循环的轨道。

最后需要指出的是，房地产税出台后房价并不会必然大跌。房地产税是一个长期的机制，房地产市场目前来说是投机性因素比较强，会受到多方面因素的影响，比如说各种消息、概念都会影响房价的走势，但房地产税本身对房价走势没有那么大的影响力，长期机制对抑制房地产市场投机、保证房地产市场健康发展具有一定的作用，但也不能太过高估房地产税的作用。目前房地产市场是“风声鹤唳”，对各种消息都会有一定的反应，房地产税出台短期内可能会对房地产市场造成一个震荡，但震荡的幅度不会太大。

林家彬　执笔

附件二　新加坡的住房保障政策及其启示

新加坡位于马来半岛最南端，是一个典型的城市国家，国土面积仅 710 平方公里。截至 2011 年 7 月，新加坡人口将近 480 万人，其中 384 万人属于本国公民和永久居民。新加坡人口密度相当高，每平方公里 6420 人，是世界上人口最稠密的国家之一。

新加坡 1959 年脱离英联邦建立自治，1965 年独立建国。建国以来，新加坡的经济保持了持续快速增长，2008 年新加坡 GDP 总值已达到 1965 年建国时的 26 倍，并成为亚洲最重要的金融、服务和航运中心之一。经济快速发展的同时，新加坡在社会民生领域同样取得了巨大的成就，其中最为显著的成就之一是有效解决了新加坡人民的住房问题。2007 年底，新加坡住房建屋局（HDB）共建了 88.34 万套公共住房，容纳了新加坡全国 81% 的居民。此外，79% 居住在公共住房中的居民拥有住房产权。整个新加坡住房产权拥有率达到 92%[①]。而且在人居环境方面，新加坡还获得了“花园城市”的美称。

一、新加坡住房保障制度的发展历程

新加坡在独立之初，住房条件很差。几十年来，新加坡始终坚持“居者

① HDB Annual Report 2007/2008；Year Book of Statistic Singapore，2008。

有其屋”的住房保障理念，通过科学的制度设计和有效的政策安排，不仅成功解决了居民住房问题，而且促进了经济的发展繁荣，保障了社会的稳定和谐。具体而言，新加坡的住房保障体制经历了如下几个阶段。

1. 陋屋区时代（20 世纪 60 年代以前）

20 世纪初期，新加坡经济落后，住房条件很差，许多人住在拥挤的陋屋区。这些房屋大多草草用棕榈叶、旧箱子及金属片搭成，卫生、照明或通风设施缺乏。1927 年，英国殖民政府成立了“新加坡改良信托局”，负责市区规划和改善基础设施，并为因公共工程建设受到影响的居民提供住房。1932 年，由于房屋的严重短缺，改良信托局又增加了为低收入家庭提供廉价住房的职责。到 1959 年，改良信托局共建了 22115 个单位的住房，全国约有 8.8% 的人口住在政府房屋里。但是，住房严重短缺的情况并没有改变，加上城市人口激增，市中心人口密度很大，随意占地、违章建筑、卫生和供水设施不足的问题依然很严重。

2. 居者有其屋计划：大规模发展低成本住房（1960～1970 年）

1959 年新加坡获得自治时，住房严重短缺，多数居民的基本住房都无法得到满足。当时有 25 万人居住于极其恶劣的居住环境中，另有 33 万多人口居住于棚户区。而人口却在以每年 4.3% 的比率增长。1960 年，新加坡颁布了《建屋与发展法案》，根据该法令设立建屋发展局，取代“新加坡改良信托局”，它是国家发展部下属的法定机构，也是新加坡唯一的公共组屋建设和管理机构。建屋发展局成立以后，立即调查了住房短缺情况。调查结果是，要根本解决住房问题，新加坡在 10 年内需要增加 15 万个住房单位。为此，建屋发展局制定并实施了多个“五年建屋计划”。第一个五年计划的目标是解决房荒，消除贫民窟，更新市区。到 1963 年，已有 18% 的人口租用建屋发展局的房子。1960 年代初期建造的房子，主要是低成本的公寓式住宅，以一房式、二房式或三房式（相对于我国的两室一厅）的户型为主，使用面积分别是 23、37、54 平方米。租金由政府补贴，分别以 20、40 和 60 新元的固定月租金租给月收入不足800新元的低收入家庭。

1964年，政府决定推行“居者有其屋”计划。原因主要有两个：①政府希望满足人民拥有财产自由的心理。②政府房屋出租需要庞大的管理工作。但是，最初出售房子的效果并不令人满意。1964年推出的2068套住房只卖出1600套。到1967年，只卖出6000套。调查原因是民众购买力不足。于是，1968年政府通过了可以使用中央公基金购买政府组屋的决定，申请购买政府组屋的人数随后大幅增加。这一时期，居民对住房的质量要求有所提高。建造的房子逐渐以三房式和四房式为主，单位住房面积增加。居住区的综合设施也不断改善，学校、商业区、工业区的设置都比较健全合理。

经过两个五年建屋计划的实施，到1970年，建屋发展局完成了11.7万个住房单位，40万人解决了住房问题，房荒问题得到很大缓解。

3. 建设新市镇，大量增加住房供应，提供全面居住环境（1971～1980年代中期）

因为政府组屋出售状况良好，同时为了加快推进居者有其屋计划，建屋局在1970年代扩大政府组屋的建造计划。1970～1980年，两个五年计划时间，建屋发展局共建造25万个住房单位。

随着住房短缺问题的逐渐解决，居民对房屋的质量和居住环境提出更高的要求。建屋发展局开始专注于开发更宽敞舒适的组屋。1974年，成立国营的房屋与城市开发公司（HUDC），专门建设大型五居室套房，大量高档公寓住宅开始出现。凡家庭月收入在4000新元以下者均可购买，使中等收入家庭也可以购买国家提供的公共住宅。到80年代初期，大约70%的人口住进政府组屋。

居住区的综合规划也更加成熟科学，形成设施配套齐全的新市镇。如市镇中心、邻里中心、巴士转换站、学校、体育场、公园及商业园区、工业园区都得到合理的安排。居民的工作、生活以及购物休闲都比较便利。

4. 放宽组屋购买限制，提升组屋的质量与服务（1980年代中期以后）

80年代后期，新加坡超过85%的人口已经住在政府组屋，房荒问题全面解决。相应的，居民购买组屋的限制也逐渐放宽。1987 年，政府制定特准住宅产业计划，放开公积金购买公共住宅的范围；1989 年，建屋局把购房登记制度改为订购制度；自 1989 年起放开 HUDC 套房购买对象的限制，居民可以随便购买，但是购房价格与收入相关。

同时，对较旧的市镇提供“组屋更新计划”。包括“组屋翻新计划”（把旧的住房修复到当前新住房的标准）、“电梯翻新计划”（为那些没有在每层楼设有候梯坪的高楼提供这项设备，让老龄人及行动不便的居民进出更加方便）和“选择性整体重建计划”（为了更好地利用土地，有选择性地将旧的组屋拆除，并在附近地段为受影响的居民提供新的住房）。政府通过组屋更新计划，以系统化的方式重新发展屋龄较久的市镇或社区邻里，以便和新的组屋发展相互融合。这些市镇或社区将大大改善生活环境，提升居民生活品质。

二、新加坡公共住房的类型与分布

新加坡的公共住房是指由政府投资建设并实行有偿提供，价格由政府统一规定，一般以低于市场价出售或出租给中、低收入者的公屋。公共住房主要分为如下几种类型：高层套房式住宅、公寓式组屋、共管公寓等，常常统称为政府组屋。

为满足不同人口、不同收入家庭的住房需求，新加坡政府为中、低收入家庭设计和建造了不同类型的组屋，供家庭选择。组屋类型包括一房（33 平方米），二房式（一房一厅，45 平方米），三房式（二房一厅，60～65 平方米），四房式（三房一厅，90 平方米），五房式（四房一厅，110 平方米）和公寓式（130 平方米）。2005 年建屋发展局所管理住宅的套型构成见附表 2.1。

从表中可以看出，由建屋发展局所建设的住房，以四房为最多，占全部住房的 37.6%。其次为三房和五房，分别占到全部住房比例的 25.4% 和 23.6%。一房、两房及其他房型则占到全部住房的 13.3%。用于出售的住宅单位远较出租的住宅单位多。租赁型组屋共 49060 套，以一房和两房的房型为主。但租

附表 2.1 2005 年建屋发展局所管理住宅的房型构成

		一房	两房	三房	四房	五房	其他	合计
售出住宅	住宅单位数（个）	653	6584	217058	329797	207879	68061	830032
	所占比例（%）	0.1	0.8	26.2	39.7	25.0	8.2	100.0
租用住宅	住宅单位数（个）	19491	22599	6351	619	0.0	0.0	49060
	所占比例（%）	39.7	46.1	12.9	1.3	0.0	0.0	100.0
合计	住宅单位数（个）	20144	29183	223409	330416	207879	68061	879092
	所占比例（%）	2.3	3.3	25.4	37.6	23.6	7.7	100.0

赁型组屋总量仅占建屋发展局所建设的住房的5.6%，可见新加坡居民仍以购买组屋为主。

三、新加坡发展公共住房的政策经验

1. 公共住房的规划与建设

(1) 土地政策：政府严格控制土地资源

新加坡的土地所有制是国有和私有的混合制度。国有土地主要是通过土地征用法从私有土地征用而来。1966 年，新加坡通过了修改后的《土地征用法令》，该法令规定为了公共用途或公共利益，政府有权征用私人土地。随着国家建设的逐步推进，国有土地份额不断提升。目前国有土地份额约为 90%（见附表 2.2）。土地局是政府的土地管理机构，代表国家行使土地所有权职责，包括土地出售和出租、土地征用、土地分配以及土地资料管理等。

根据新加坡的土地政策，公共组屋建设可以在任何地方征用土地。被征用土地只有国家有权调整价格，价格规定后，任何人不得随意抬价，也不受市场影响。因此，建屋发展局能够以远低于市场价的价格获得土地，保证了大规模公共组屋建设所需的土地资源。

附表 2.2 私有和国有土地百分比的演变

年份	国有（%）	私有（%）
1949	31	69
1952	37	63
1960	44	56
1965	46	54
1970	57	43
1975	66	34
1980	70	30
1985	76	24
2006	87	13

资料来源：新加坡土地局，http：//www. sla. gov. sg/htm/hom/index. htm。

此外，私人也可以向政府购买土地。土地价格根据不同用途、容积率来确定。在确定了标准价格以后，再由土地局公开拍卖。一般情况下，商业用地比住宅用地价格高出 10 倍以上。如果用户改变土地用途，政府将收取溢价费①。

（2）科学合理的整体规划

1976 年，新加坡在联合国发展计划指导下，成立国家和城市发展部，并在联合国开发署的协助下，开始编制着眼于长期土地利用开发和交通运输发展的概念性规划，提出宏观土地使用建议、基础设施配置和交通规划概念，作为发展策略引导着新加坡的成长。

根据人多地少的国情特点，新加坡建屋发展局在城市住房建设的整体规划上，始终坚持“避开大道，直取两厢”的建设方针，避开住房密集的市中心区，选择城市边缘地带起步。这样的规划不仅有利于居民疏散，而且由于这些地区拆迁量少，地价与基地处理费用比较便宜，从而大大降低组屋建设成本。只有在市区人口减少到一定程度、新区住房充足的情况下，建屋局才会考虑集中力量进行旧城改造。为了取得较高的经济效益，组屋以高层住房为主，一般

① 亦意：“新加坡严格管理控制土地使用”，《中华建设》2005 年 8 月，第 25 页。

都是几十层的板式住房，少数为20多层。

根据政府规定及组屋建设的规划方案，居住区周边不仅预留了部分工业用地和商业用地，以便就近创造更多的就业机会。而且所有的居住小区都建有完善的配套设施，包括商业中心、银行、学校、图书馆、剧院、诊所等，在组屋小镇周边设有地铁站、公交站。此外，住宅区的规模和服务人群都有一定的规划限制，如一个街坊（社区）的规模大约是1200～2800个家庭，镇中心的人口规模是15万～30万。通过规模限制，可以使居民更好地共同分享开放绿地和学校等设施，提高环境质量；而且可以建立社区认同感。

（3）公共住房的建造

对公共组屋建造实行严格管理。公共组屋建造由建屋局以公开招标方式发包给有资格的建筑公司承建。对发包、投标、价格计算、申请条件等实施过程和结果实行公开透明操作方式，公平竞争，接受监督、杜绝腐败。同时严格规定施工程序，科学决策、统筹规划，先由建屋局所属地产部和动迁部进行拆迁、征地工作，之后进行勘测和地质分析，接着进行基础设施建设，在公共住房完工时，配套设施同时完工，水、电、气供应到位，避免了建房中常见的各自为政，混乱无序的现象。

2. 公共住房的分配：以家庭收入水平为依据①

只有年满21周岁，并且没有私有房产的新加坡公民，才可以申请政府组屋。

（1）政府组屋的申请标准

根据家庭收入水平和公共住房的供需情况进行调整。70年代月收入在1500新元以下的家庭才能申请购买组屋，80年代提高到2500新元，目前放宽到10000新元，从而保证了80%以上的中等收入家庭都可以购买到价格相对便宜的政府组屋。

① http：//www. hdb. gov. sg/

附表 2.3　　申请标准

公寓类型	家庭收入
三房（成熟社区）、四房	家庭月均收入不能超过 10000 新元
三房（非成熟社区）	家庭月均收入不能超过 5000 新元
二房	家庭月均收入不能超过 2000 新元

对于无力购房的贫困家庭（约占家庭总数的 1% ~2%），可以租赁“组屋”。租金也比较便宜。比如，家庭收入在 800 新元以下的申请一室一厅，每月的房租最低仅为 26 元，约合人民币 130 元。

（2）政府组屋的配售方式

建屋发展局根据组屋市场的供需情况，主要采用以下三类配售方式。

①抽签方式。这是最主要的组屋配售方式，特别是组屋需大于供时，用抽签方式决定购买家庭不但操作方便，且可以避免不公平和暗箱操作。抽签每年举行 1 至 2 次，建屋局提前将发售的组屋情况在互联网及其他公众媒体、公共场所予以公告，符合条件的申请人可在建屋局的网站和指定地点进行网上和现场登记并支付一定数额的选房订金，登记时间结束后，由电脑抽签选出申请人。中选的申请人与建屋局签订购房合同支付价款后，即可领取钥匙入住新屋。

②即选即购方式。从 2002 年起，建屋局推出即选即购的组屋配售方式。采取这一方式配售的多是位于较偏远区域和未发展地区的已经竣工的组屋，此外，还有部分通过抽签方式配售后剩下的组屋单元。符合条件的申请人可以在建屋局规定的开放期间内提出购房申请，选购组屋，建屋局按照先到先得的原则分配组屋单元。因此，即选即购必须是在组屋供求关系较为稳定的情况下方可采用的配售方式。

③预购组屋方式。这是建屋局于 2006 年 2 月 14 日新推出的一种全新的组屋配售方式，整个操作流程是：建屋局公布建屋地点并开放申请；申请人提出购房申请；建屋局采用抽签方式选出中选申请人；建屋局邀请申请人选择组屋户型及楼层等内容；申请比例达到 70% 以上的预订量后，建屋局通过招投标确定建筑承包商进行建设；组屋完工后申请人领取钥匙入住。可见，与以往的

组屋"先造后售"相反，预购组屋方式是"先售后造"，是"按需而造"。这样，不但可以更加贴近申请人的需求，而且可以减少组屋空置的风险，也符合大部分新加坡人住房已解决的市场实际[①]。

（3）组屋定价和补贴

组屋房价以公积金中的住房部分能"买得起"为标准设定政府定价，目标是一个人参加工作5年后，结婚时能首次使用中央公积金购买政府组屋。当前，一套100平方米左右的组屋价格30万新元左右（约合人民币150万元），为私房价格的一半。对于低收入者，政府还有专门的住宅补贴，在首付款、还款额，以及还款方式等方面给予政策优惠。

3. 组屋的流转

1971年以前，政府组屋不可以转售，但可以原价卖回给建屋局。1971年以后，居民住满三年，可以按市场价出售住房组屋，一年内不可以再申请政府组屋。1973年，居住期改为五年，但在30个月内不可以申请政府组屋。1979年又改为三年居住期，但可以立即申请政府组屋，交600新元申请费，转售时交5%转售税。1985年以后，转售税取消，但居住期又改为五年。

现在的新加坡居民，根据条件可享受两次购买组屋的权利：即购买组屋后，随着人口的增加或家庭经济条件的改善，可以再一次申请购买更大更好的组屋，在已购组屋住满5年出售后再享受一次。如果想再申请一套组屋，则必须在6个月之内出售现有组屋。

一旦用完了两次申购组屋的资格，但因为各种原因仍想更换住房时，他面临两种选择，一种是在商品房市场上购买私房，另一种选择是在公共组屋市场上去购买二手组屋。公开市场中出售的组屋，其售价一般是一手组屋的1.5至2倍。

4. 公共住房融资机制：中央公积金制度

公共住房的建设和发展，需要大量的资金。新加坡在公共住房发展过程

① 江丹："新加坡组屋的配售、转售和租赁"，载《上海房地》，2006年第9期。

中，逐渐形成完善的住房融资机制。特别是新加坡的中央公基金制度，对公共住房政策目标的实现，发挥了关键性的作用。

（1）中央公积金制度的住房建设融资

中央公积金局向住房建设融资主要采取两种方式，一种方式是间接向建屋发展局提供资金。具体来讲，中央公积金局采取购买由政府发行的长期债券的方式向建屋发展局提供资金。中央公积金局是政府发行的有价证券的主要买主，由新加坡国有投资公司通过发行债券从中央公积金局获得巨额资金，使公积金转为由政府支配的资金。政府发行债券筹集的资金，主要用于城市基础设施的建设和住房建设。新加坡国有投资公司把筹集的资金的一部分贷放给建屋发展局，据统计，新加坡国有投资公司发行债券筹集资金的60%以上贷放给了建屋发展局，建屋发展局即可以这笔资金置地、建房，这是公积金转化为住房建设资金的主要方式。由于公积金规模很大，因此政府可以通过发行债券的方式筹集足够的住房建设资金。

另一种方式是通过向住宅建筑承包商提供贷款的方式提供住房建设资金。住宅建设需要大量的流动资金，住宅建筑承包商往往会出现资金缺口，这时它们可以向中央公积金局借款，且中央公积金的贷款利率一般较低。通过向住宅建筑承包商提供贷款，使公积金转化为了住房建设资金。

（2）中央公积金制度的住房消费融资

新加坡政府鼓励居民购买政府组屋，并通过公积金局以下列两种方式向居民购买自有住房进行融资。

一种方式是允许公积金会员提前支取公积金存款支付购房首付款。尽管政府出售的公房的价格是优惠的价格，按规定，土地费用不计入售价，但基础设施费用和建造成本都计入售价。公房售价相对于普通居民收入水平，仍然是较高的。政府规定买房者买房的首付款必须达到房价的20%，很多居民连交清首付款都很困难，而允许居民动用公积金支付首付款，则可使大多数居民有能力支付首付款。目前，公积金会员一般约用3年的公积金存款即有能力缴付相当于房价20%的首付款。

另一种方式是允许公积金会员提前支取公积金存款偿还购房贷款本息。一是借款人（会员）向建屋发展局申请购房贷款。借款人（会员）每月运用公积金偿还贷款，期限5至20年。二是居民向邮政储蓄银行、商业银行等金融机构进行抵押贷款[①]。由于借款人（会员）可以支取公积金支付贷款本息，公积金规模大，又很稳定，实际上等于是提供了一种贷款担保，违约风险大大减轻，因此银行愿意向居民发放购房贷款，并且愿意以优惠的条件向购房者提供贷款。

综上所述，新加坡住房金融的最大特点是以政府主导，主要表现为中央公积金制度下的公共住房金融体系。一方面，建屋发展局作为公共住房的建设主体，中央公积金局直接行使住房金融职能，发行政府债券成为解决住房资金问题的重要工具；另一方面，中央公积金制度为居民购买组屋提供贷款，使公共住房的资金得以良性循环，逐步形成了涵盖住房建设和住房消费为主的融资体系。

四、新加坡公共住房政策对我国的启示

1. 住房保障是社会安定的基石

住房保障是新加坡的基本国策，事关社会稳定与人民的生活幸福。新加坡在建国之初，社会治安十分混乱。面对这种情况，李光耀总理依据“有恒产者有恒心”的理念，把“居者有其屋”作为新加坡的基本国策，大力推进公共住房建设。经过几十年的建设和发展，新加坡成功解决了住房短缺问题，保障所有人都有体面的住房和安定优美的居住环境。此外，新加坡的住房保障制

① 从2003年1月开始，建屋发展局将不再提供以市场利率计算的房屋贷款，那些不能享有优惠贷款的买主，必须直接向银行借钱，以形成组屋贷款市场。这些买主包括家庭月入超过8000元的购屋者、拥有私人房地产者、第二次购买同样面积或是“降级”购买小型组屋者和第三次购买组屋，已享受过两次优惠贷款利率者。

度，也是调节收入分配的最主要的政策手段，减少了人民之间的贫富差距，促进整个社会的人心安定、社会和谐，被联合国评为最适合人类居住的国家之一。

新加坡的住房保障制度，还对其价值理念和社会结构产生深远影响。如通过公共住房的政策设计，推行优良的社会道德风俗，提倡儒家传统的大家庭观念。子女和父母在一定距离内买房可以获得政府的资金补助；子女如果为了照顾父母，在住房分配的过程中有优先权等。为了推进各族群之间的和谐共处，1989年，新加坡还推行了种族居住比例计划，任何新的政府组屋区，单一族群的比例都有最高限定，如华人是84%，马来人是22%，印度族人是10%。通过推行族群和谐计划，促进了族群之间的沟通交流，减少和避免了族群间的冲突，从而促进了社会的稳定和谐。因此，吴作栋说公共住房是新加坡社会的重心。

我国现在已经进入改革发展的关键时期。虽然经济社会发展已经取得巨大的进步，但是随着利益格局的深刻调整，社会结构的深刻变化，以及思想观念的深刻变化，社会心态较不稳定，社会矛盾高发、多发、频发。这种情况下，大力推进公共住房建设，对于稳定社会人心，减少贫富差距，缓和社会矛盾，提升生活幸福感，都具有重要的意义。

2. 公共住房要科学规划、综合配套

房子不仅仅是简单的居住场所，而是承载着各种社会结构和生活方式。因此，公共住房建设，不能仅仅是盖房子，而应该与经济社会发展状况相结合，进行科学规划和统筹安排。

我国大力推进保障性住房建设，可以借鉴新加坡的新市镇建设经验。保障性住房建设，不仅要在选址、设计方面有科学的规划，而且要把人口规模、交通规划、产业布局、商业配套，以及各种生活娱乐设施都纳入统筹考虑。建造质量一流，人居环境优美的住宅社区，不仅可以提升居民的生活质量，而且可以为完善社会管理，促进社会和谐提供基础和条件。

3. 优先保障居住需求，严禁空置投机

最大限度地满足人民群众的居住需求，是现代政府的基本责任。公共住房的政策设计，首先应该保障人人都有体面的住房；其次，才是实现住房的经济价值。因此，发达国家的住房政策，都对居民的居住需求予以优先保障，而对空置和投机住房的行为进行打击。

新加坡的公共住房政策规定，每个家庭只能同时拥有一套组屋，以满足居民的自住需求。居民居住满 5 年以后，可以自由转让，并再次购买第二套组屋。但是每个家庭只能有两次直接向建屋局购买组屋的机会。房屋如果出租或借给别人居住，需要缴纳房产税。房屋如果空置，则不仅要缴纳更高的房产税，而且可能面临高额的罚款甚至监禁。

我国近年来住房矛盾凸显，一方面是随着经济社会的发展，住房需求数量庞大，供需矛盾紧张；但更重要的是由于住房分配不公正，在居民的基本住房需求没有得到基本满足的情况下，住房的市场化发展过度，大量的住房被用于投资和增值，住房空置的成本很低，不仅导致社会资源的闲置和浪费，而且形成“有房者”和“无房者”之间强烈反差，造成社会关系的紧张和扭曲。因此，我国的住房政策应该优先保障居民自住需求，并对住房投机进行抑制。具体措施如大力推进保障房建设，提供更多质优价廉的公共住房；严格限购政策，抑制住房投机；逐步推行房产税，提高住房保有成本，减少空置率，等等。

4. 建立完善的住房公积金制度

新加坡的中央公积金制度与住房保障发展计划相结合，使公积金不仅用于养老、医疗保健，而且与城市发展和居民住房条件改善相联系，有效解决了公共住房建设投资和住房信贷的资金来源，使公积金具有住房发展基金的性质[①]。

---

① 田东海：《住房政策：国际经验借鉴和中国现实选择》，清华大学出版社 1998 年版，第 183 页。

我国虽然在1991年就建立了住房公积金制度，但在住房保障体系中，公积金制度没有充分发挥作用。完善住房公积金制度，首先要扩展和规范公积金的使用方式，提高资金运行效率。其次，发行公共住宅债券，并允许住房公积金认购；或允许住房公积金开展针对保障性住房建设的专门贷款，为保障性住房建设提供资金支持。第三，扩大住房公积金的覆盖范围，提高中低收入群体的缴纳上限，优先满足中低收入群体购买保障性住房的贷款需求。

王雄军　执笔

附件三 “共有产权”的淮安模式评述

经济适用住房政策是伴随着我国住房市场化改革而产生的，以解决中低收入家庭住房问题为目标的住房政策。1994 年，以《国务院关于深化城镇住房制度改革的决定》的出台为标志，经济适用住房政策正式拉开序幕。在这一政策实施之初，它承担了改革住房福利分配制度的责任，因此，政策设计上带有明显的市场化倾向。1998 年，经济适用住房被定位为城镇住房供应体系的主体，从而进入了一个快速发展的阶段。但伴随着数量上的急剧扩张，经济适用住房政策的许多问题也逐渐暴露，对这一政策的评价以及改革的取向也存在着广泛的争论。正是在这种背景下，江苏省淮安市抓住经济适用住房政策的核心，也就是产权问题，对其加以改革，开创了共有产权经济适用住房模式。这一模式一经媒体报道就得到了社会各界乃至高层广泛的关注，成为经济适用住房改革的有益尝试和范例。

一、“共有产权”的政策背景：要回应什么问题

经济适用住房是住房市场化改革的产物，因此从一开始就带有商品的性质，这在它的销售、交易等环节都可以看出来。同时，经济适用住房的供应对象是中低收入家庭，所以又带有保障房的性质，在供应对象、销售程序等方面

的严格限制就是证明。经济适用住房在性质上的双重性使其在具体政策设计中存在许多的问题，随着经济适用住房建设规模的扩大，这些问题逐一暴露出来，而淮安共有产权经济适用住房就是作为对这些问题的回应而产生的。

1. 目标群体问题

经济适用住房以中低收入家庭作为供应对象，但是我国居民的收入并不完全透明，国家并没有完整掌握公民收入信息的系统。同时，许多城市并没有具体的城镇居民中低收入水平线，使得对目标群体的确定存在困难。这就造成经济适用住房的销售失控：一方面，真正的低收入者无力购买，最后只有由收入更高者买走；另一方面，开发商出于资金周转的需要也急于将经济适用住房出手。

2. 公平问题

与目标群体不合理相关联而产生的问题是公平问题，即在全国各地都存在着不同程度的骗购行为。为了购买经济适用住房，出现了假报收入、假离婚、假户口、房产假转让等现象，另外在经济适用住房小区内常有豪车出没，这些都使人们质疑经济适用住房的公平性。

3. 监管成本高昂

经济适用住房由于其价格低于商品房、存在更大的升值空间，从而使其容易引发投机行为，因此，需要对购买、交易经济适用住房的行为进行严格监管。在当前的条件下，政府为了监管而收集居民信息是一个成本非常高昂的过程。同时，为了规避这些违规行为，政府对购买的程序进行了严格限定：一般来看，申购者需要经过本人申请、（民政、房产、社区三方）审核材料、入户调查、组织评议、张榜公示等环节，程序繁琐。

除此之外，传统的经济适用住房还存在着建设成本高、保障面较小、容易诱发腐败等问题，淮安的共有产权经济适用住房就是针对这些问题而作出的政策回应与调整。

二、“共有产权”的政策内容

共有产权经济适用住房是指以出让方式取得经济适用住房用地，总价格参照普通商品住房执行政府指导价（一般比同期、同区段普通商品住房销售价格低5%～10%），购房人实际出资额与房价总额的差价显化为政府出资，购房人和政府各自的出资比例构成共有产权，具有保障性质的政策性住房。

共有产权经济适用住房由政府提供政策优惠，限定套型面积，按照合理标准建设，通过政府产权分摊购房人出资负担，面向城市中低收入住房困难家庭提供住房保障，变经济适用住房与普通商品住房双轨制为普通商品住房单一制。共有产权经济适用住房作为传统经济适用住房政策的突破和改革，在土地供应、产权归属、供给对象、认购交易等方面都具有独特性。

1. 土地供应

共有产权经济适用住房改变了传统的以土地划拨方式获得经济适用住房建设用地的办法，改用出让方式供应土地。长期以来，出于经济适用住房的保障性质，其用地一直是以划拨的方式取得。但划拨的方式无法体现土地使用权的价值，从而使经济适用住房的共有产权处于模糊状态，无法衡量。在交易或换购时，虽然规定要“补缴土地出让金及各种规费”，但因为没有可操作性而不了了之，使名义上的“有限产权”变为实际的“无限产权”。通过出让的方式供应土地，使土地的使用价值得到显化，为之后的上市交易、回购以及经济适用住房的可持续发展奠定了基础。

2. 价格与产权

共有产权经济适用住房执行政府指导价，一般比同区段、同期楼盘市场销售价格低5%～10%，由购房人和政府按出资比例构成共有产权。目前，基本比例执行7∶3，即个人占70%产权，政府占30%产权。7∶3的共有产权房的比例是根据经济适用住房的价格与同期、同类地段普通商品房价格之比，并选择多点计算取平均值确定的（这一比例根据每年的具体情况测算确定，实行动态机制），一套共有产权房的个人出资额等同于同面积的传统经济适用住房价格，而共有产权房的政府产权部分主要以显化土地出让金构成，并逐步过渡到货币补助与土地出让金显化相结合。条件成熟时，可直接以货币形式补贴购买一定价格及标准范围内的商品房，形成共有产权住房。

与之前按照“成本+3%以下的利润”确定的价格相比，这种定价方式使经济适用住房的价格与商品房价格接轨，有利于共有产权中个人产权部分的保值增值。同时，这种定价方式与产权划分方式使之前政策中模糊的“有限产权”得以显化，也有利于防止国有资产流失。为了实现多层次保障，避免“夹心层”，实现不同层次保障的无缝对接。淮安市还提出要对不同收入层次的中低收入住房困难家庭，通过调整产权比例配售共有产权房，这将大大地提高政策的灵活性。

3. 供应对象

共有产权经济适用住房的供应对象为市区中低收入住房困难家庭，具体条件有：具有市区两年以上城市户口；家庭收入符合政府划定的中低收入家庭认定标准；无房或现住房面积低于政府规定的住房困难标准；家庭成员之间具有法定的赡养、抚养、扶养关系，且共同生活。共有产权房供应对象的家庭收入标准和住房困难标准，要根据经济适用住房供应量和低收入线标准、居住水平等因素确定，实行动态管理，定期向社会公布。与全国其他地方普遍实行的“轮候制”不同，淮安市共有产权经济适用住房采取了“门槛制”，即在符合条件的人群中，先满足特殊困难群众，以后再根据情况改善逐年放宽。“门槛制”增加了政府制定标准以及审核的复杂性，但是减少了骗购的可能性，有利于防止腐败现象。

4. 交易和退出

共有产权经济适用住房的退出机制有三种形式：第一，个人可以购买政府产权部分形成完全产权；第二，购买共有产权房满5年的，可以直接上市交易，交易时，由出让人按市场评估价向共有权人交纳政府产权部分的房屋价款；第三，共有产权房购买家庭收入高于政府规定标准时，仅对政府产权部分缴纳市场租金，无需向政府退回住房。

同时，考虑到购房人获得完全产权的愿望和实际困难，购买政府产权的操作办法为：在5年内购买的，可享受原共有产权房的价格；5年以后8年以内购买的，按原供应价格加第6年起的银行同期贷款利息购买；8年以后购买的，按届时市场评估价格购买。

5. 申购程序

共有产权经济适用住房资格申请采取街道办事处、区住房保障主管部门和市住房保障主管部门逐级审核并公示的方式认定。由街道办事处、区住房保障主管部门通过入户调查、邻里访问、信函索证及公示等方式对申请人的家庭收入和住房状况等进行核实。申请人及有关单位应予以配合，如实提供有关情况。经审核公示通过的家庭，市住房保障中心应当根据登记的城市中低收入住房困难家庭的收入水平、住房困难程度和申请审批顺序等，确定相应的保障方式及轮候顺序，并向社会公布。

三、“共有产权”的政策创新

1. 产权明晰灵活

共有产权经济适用住房的产权按照购房人和政府各自的出资比例确定。经济适用住房的平均价格占普通商品住房的平均价格的比例，为个人拥有的产权比例，即相当于经济适用住房出资额的产权比例，也称为基本比例，并由市住房保障工作领导小组发文向社会公布。

目前，市区共有产权房产权基本比例执行7∶3。这一比例并不是固定的，可以根据不同的收入层次加以调整，从而避免出现“夹心层”。由于共有产权的产权份额通过出资份额确定，使传统上模糊的“有限产权”得以显化。这种产权模式使得共有产权经济适用住房在流转中避免了过去政府产权虚置的情况，在交易中可以通过多种方式以货币化的方式实现政府产权，避免了国有资产流失。同时，购房者也通过这种方式使自己的财产得以保值升值。

2. 从“双轨制”变为“单轨制”

一直以来，我国的住房体系设计都是政府供给保障房而市场供给商品房，政府和市场有着明确的边界和责任划定。在经济适用住房领域，政府承担了从土地划拨、建设到销售、流转的一系列责任，所有这些都要求政府亲力亲为。但是经济适用住房不仅具有保障性，也具有商品属性，当购房者将经济适用住房拿到市场上出售，其保障性和商品性就会发生矛盾，最后的结果往往是保障性和商品性之间的空间被塑造成获利空间，为售房者提供寻租的机会。

淮安市将共有产权经济适用住房的价格与市场上商品房的价格接轨，以商品房价格为基准确定经济适用住房的价格（5% ~10% 的差额），在共有产权经济适用住房流转时，也要根据市场上商品房的价格确定政府产权部分的补缴价款。这种以货币方式处理退出和流转问题的方式是以市场上的商品房价格作为基准的，既不会让购房人用同样的钱购买商品房吃亏，也不会因为购房人弄虚作假而相对于其他纳税人造成国有资产流失。

购买共有产权经济适用住房的家庭如果购买 100 平方米产权比例为 7∶3 的共有产权房，就等同于购买了 70 平方米完全产权的普通商品房，由于房价上涨带来的增值及收益同商品房是一样的，与购买普通商品房一样保值增值。而传统的经济适用住房在退出时，如果政府以届时的经济适用住房价格回购，就会使得政府回购价与届时市场价的差距远大于购房时经济适用住房与商品房的价格差距，导致购买经济适用住房比以同样的资金购买普通商品房的收益要低得多。

3. 从“补供方”变为“补需方”

传统的经济适用住房的模式是通过政府免费供应土地，同时限制利润空间来维持低价的。这种模式下，政府的优惠主要是投入到开发商那里，所以被称之为“补砖头”。同时，这些优惠并不直接以货币的形式发放给开发商，而是实物性质的补助，且补助数额并不显化，因此也是“暗补”。

一直以来，在社会保障领域就存在着“补供方”还是“补需方”的争论。在住房保障上，“补供方”的手段主要包括政府建造公房，以及政府对赢利或非赢利的私人建宅公司或个人提供补贴；而“补需方”的手段主要是发放住房补贴。

传统的经济适用住房政策将政府补贴全部投入到建设过程，属于一种“补供方”的模式。但是这种“补供方”的模式存在着许多问题：第一，对房地产企业的补贴形成巨大的寻租空间，为腐败行为提供了机会；第二，房地产企业受到利润刺激，可能在建设过程中偷工减料，以次充好，给政府监管行为增加难度；第三，“补供方”模式需要政府对享受经济适用住房的家庭随着其收入变化进行动态调整，但这又存在巨大的管理难度。因此，无论是国际上，还是我国近年来的实践中，都在探索“补需方”方式。

淮安的共有产权经济适用住房政策通过出让方式供应土地，并将显化的政府补贴转给了购房者，实现了“补需方”的转变。与“补供方”相比，“补需方”的模式有许多优势：第一，“补需方”是通过政府补贴方式进行的，而补贴数量又表现为政府产权多少，这样就可以根据购房家庭的收入状况灵活调整补贴数量和产权份额，有效防止“夹心层”的出现；第二，“补需方”是一种市场化水平比较高的模式，更有利于实现公平、阳光的政府补贴；第三，淮安的这种模式为直接发放购房货币补贴奠定了基础，这种方式是当前淮安模式的更进一步，即政府规定了提供房源的面积及价格，在这个范围内，购房人可以自主选购商品房，政府则以货币形式资助政府产权的部分，从而使经济适用住房和商品房完全一体化。

4. 从行政监管变为市场调节

经济适用住房作为保障房的一种，需要对认购者的资格进行严格的限制和审核，各地的相关政策文件都对认购者的准入资格（包括收入水平、住房条件、年龄、婚姻状况、户籍等）和审核办法进行了详细的规定。但是，一方面由于经济适用住房与商品房的价格差巨大（特别是近年来房地产市场的火爆更是拉大了这个差距），这使得许多人都有强烈的投资（投机）动机去购买经济适用住房，寻求经济适用住房与商品房之间的价格租金；另一方面，尽管政府设定了严格的准入资格和审核办法，但是购房者与政府之间的信息不对称依然存在（由于我国当前的居民收入并不透明，征信机制也不完善，这一问题表现得更加突出）。因此，在住房市场化程度较高、而交易规范化程度又较低的条件下，经济适用住房与商品房“双轨制”的存在就会促使初始获得经济适用住房者在流转过程中获得超额利润。

共有产权经济适用住房在破解这一难题上进行了有益探索。针对“入口”资格难以控制的问题，淮安模式试图通过“出口”利润的限制来消解牟利动机。由于经济适用住房的《产权登记簿》和《产权证》上有明确的产权比例和权属关系，如果私下倒卖，不仅购房人因无合法的产权凭证存在极大的产权风险，而且买卖双方都是在侵占共有产权人即国家的利益，政府可依法对此行为加以制止、纠正和打击。因此，购买人即使弄虚作假成功，得到的也只是使用价值，而受法律限制无法通过倒卖获得巨额利润。这种通过“出口”处的经济和法律调节来掣肘“入口”处准入资格的倒逼机制，将原本成本高昂的行政监管行为变为了通过市场和法律手段进行调节的行为，不仅使监管成本下降，效果也更好。

四、“共有产权”的政策评价

公共政策是分配社会利益的过程，而利益的分配就会引起争议。因此，任何政策的出台都会既有支持也有反对。同时，公共政策是政府选择的产物，必然要受到政府本身的能力限制以及所处的外部环境的制约。对于淮安的共有产权经济适用住房模式，认同者居多，但也有一些不同的声音，这部分观点主要集中在以下几个方面。

1. 与民争利

经济适用住房是国家给予低收入群体的福利，共有产权经济适用房则将土地成本显化为政府的产权份额，使购房者花了同样的钱却只能得到70%的产权，国家给这部分群体的优惠并没有得到显现。在退出时，个人虽然可以直接通过市场转让，但是要按比例与政府分享收益。在一些人看来，这是政府用政策“入股”，挤压了购房者的福利，使低收入家庭本该享受的政策优惠缩水。

淮安的政策设计者对此给予的回应是政府对共有产权经济适用住房的投入来自两个方面：一个是土地出让金，另一个是用于回购分散建设或补助购买公有产权房的1.5亿元保障基金，而非是所谓的政策“干股”。同时，由于保障标准与房价收入比相挂钩，平均收入增长跟不上房价涨幅时，政府就要拿更多的资金去供应保障房。

另外一种与民争利的逻辑是，政府为自身利益最大化，希望抬高房价，从而使购房者所拥有的产权份额降低而政府产权份额抬高，这样在5年后上市交易中，政府就可以获得更多的收益。这种说法是以政府的“经济人”假设为基础的，如果政府的立场不能正确定位，是很有可能产生这种情况的。

2. 产权问题

与传统的经济适用住房相比，共有产权经济适用住房的特色和优势就在于其产权的明晰和产权份额的一目了然。但是，仍有人对于共有产权经济适用住房的产权提出质疑，这种质疑主要针对政府占有产权部分。这种观点认为，共有产权的5~8年内，居民可以使用、处置共有产权经济适用住房，但政府产权却并没有收益。有产权却没有产权收益使政府产权和居民产权不对等，政府和居民同权却不同收益在理论上说不通。换个角度看，这种情况实际上是国有资产流失。

可以看出这种观点与第一种说法是相对立的。针对这种说法，淮安政府认为政府免除购房人的租金是合理的，是对穷人的一种保障。这种做法不是政府权益受损和国有资产流失，而是政府责任的表现。如果这属于国有资产流失的话，那么政府花钱来为穷人提供保障也是国有资产流失了。

产权方面还有一个问题就是如果政府与居民产生争议应该如何处理？因为双方都占有产权，虽然政府份额较少，但是自然人和政府机关在地位上是不对等的，出现问题和争议时，后者居于明显的强势地位。因此，对于如何消解争议以及一些细节问题，应该在政策文本中加以规定。

除了这两点，对于共有产权经济适用住房的合法问题、普遍性问题等也存在一些争议。总体来说，虽然这种模式遭到一些诟病，但在总体上还是比较多地受到肯定。特别是这种模式表现出了住房保障由“补供方”转向“补需方”的特点，符合住房保障制度变革的趋势。但是在一些细节问题上，这项政策也仍须完善。

佘宇 韩巍 执笔

附件四　北京市经济适用住房政策演进历程

北京市从 1998 年开始发展经济适用住房，以颁布的相关政策法规为基础，结合经济适用住房的投资、建设规模状况，可大致划分为酝酿、确立、繁荣、反思和调整五个阶段。

一、酝酿阶段（1992～1997 年）

经济适用住房政策是作为住房供应体系的构成部分提出，并在 1993 年召开的全国第三次住房制度改革工作会议获得通过。1991 年 12 月 31 日，国务院颁布《关于全面推进城镇住房制度改革的意见》，首次提出了建设经济适用住房的新思路，并以集资合作建房方式为主，这对于促进住房制度改革发挥了重要的作用。1994 年 6 月由国务院颁布的《关于深化城镇住房制度改革的决定》，首次提出了建立与社会主义市场经济体制相适应的住房供应制度。住房供应体系由三个部分构成，即供给高收入家庭商品房，实行市场价；供给中低收入家庭经济适用住房，实行政府指导价；供给最低收入家庭廉租房，由政府给予补助。从 1995 年起，一些城市开始建设“安居工程”，也有的叫“康居工程”，实际上就是经济适用住房，或者称之为经济适用住房的前身。

根据国家深化住房制度改革的精神，北京市也开始因地制宜开展住房制度改革，1992 年 7 月颁布了《北京市住房制度改革实施方案》，实行住房货币化改革，包括建立住房公积金、出售公有住房、集资合作建房等一系列内容，并于 1994 年 12 月颁布了《北京市人民政府贯彻国务院关于深化城镇住房制度改革决定的通知》，对实施方案中的内容进行补充和深化。

同时，北京市决定实施康居工程，逐步建立社会主义市场经济条件下具有社会保障性质的住房供给和分配体制。1993 年 9 月颁布了《北京市康居工程实施方案》，以解决北京市中低收入住房困难户的住房问题为核心任务。康居工程的目标是 1996 年以前重点解决人均居住面积 3 平方米以下的困难户，2000 年以前重点解决人均居住面积 4 平方米以下的困难户，在建设上坚持国家、单位、个人三者共同负担的原则，政府扶持、单位资助、个人购买。政府主要通过承担土地出让金、大市政费、四源费的方式提供支持。

对于实施康居工程后仍存在买房困难的职工，北京市于 1995 年 5 月颁布了《关于实施康居工程中解决困难企业和低收入职工住房问题的政策措施》，并相继颁布了《关于下达 1996 年国家安居工程贷款资金计划的通知》、《建设银行北京市分行房地产信贷部安居工程贷款实施细则》、《北京市住房资金管理中心安居工程配套资金委托贷款实施细则》和《关于 1996 年北京市安居工程贷款管理有关问题的通知》，对安居工程的融资问题做出安排。

二、确立阶段（1998 年）

1998 年是停止住房实物分配、实行住房分配货币化的转折点。这一年，国务院《关于进一步深化城镇住房制度改革加快住房建设的通知》提出了建立以经济适用住房为主的住房供应体系，对不同收入家庭实行不同的住房供应政策。最低收入家庭租赁由政府或单位提供的廉租住房；中低收入家庭购买经济适用住房；高收入家庭购买、租赁市场价商品住房。根据国务院《通知》精神，建设部、国家计委、国土资源部、中国人民银行等相关部门于当年相继联合下发了《关于大力发展经济适用住房的若干意见》、《关于进一步加快经济适用住房建设有关问题的通知》、《经济适用住房开发贷款管理暂行规定》和《住房公积金管理条例》等规范性文件，明确了支持经济适用住房建设的土地政策、货币信贷政策、税收政策、价格政策和房改政策。

北京市也于1998年开始正式确立经济适用住房政策。1998年10月15日，北京市颁布《关于加快经济适用住房建设的若干规定（试行）》，对经济适用住房的实施机构、审批制度、用地来源、销售对象等作出规定，并针对经济适用住房的建设、成本和物业管理，分别制定《关于进一步加快经济适用住房（安居工程）建设有关问题的通知》、《关于同意北京市经济适用住房建设减免行政事业性收费问题的批复》和《北京市居住小区物业管理服务收费暂行办法》。这些标志着北京经济适用住房政策的正式确立。

北京市推行经济适用住房的目的是为了解决中低收入者买房难的问题，满足人们基本的居住需求。由于房地产市场上的中低价位产品太少，经济适用住房供给正好及时填补了这个空白。经济适用住房政策确立之后，在平抑市场房价、增加社会住房总供给量、扩大城市规模和带动城乡经济发展方面都发挥了积极的作用。

三、繁荣阶段（1999~2004年）

1999~2004年，北京市经济适用住房政策经历了一个蓬勃发展的繁荣阶段，主要表现为：经济适用住房的投资和建设规模不断扩大，越来越多的中低收入群体成为经济适用住房政策的受益者；相关的法律法规也进一步完善，经济适用住房政策逐步法制化。

1. 投资和建设规模不断扩大

1999~2004年，北京市经济适用住房完成投资额呈现递增态势，1999年共完成经济适用住房投资额370959万元，2004年上升到979503万元，增长了2.64倍，年均增长率约为32.81%。

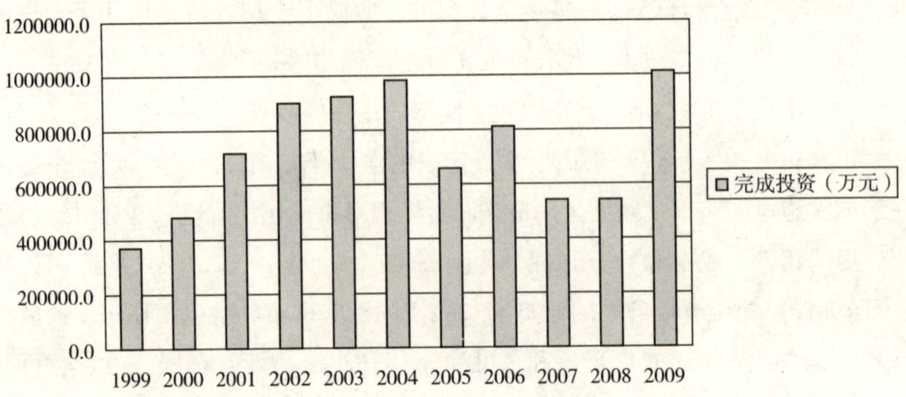

附图4.1 1999~2009年北京市经济适用住房完成投资状况

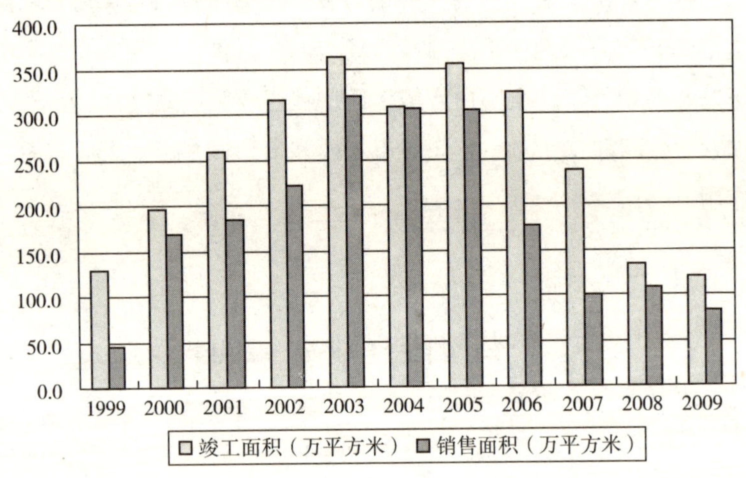

附图4.2 1999~2009年北京市经济适用住房竣工面积与销售面积

竣工面积和销售面积也逐年上升，2003年达到峰值，竣工面积363.1万平方米，销售面积320万平方米①。

① 数据来源：1999~2009年北京市统计年鉴。

2. 法律法规进一步完善

1999 年 9 月 1 日中共北京市委、北京市人民政府颁布了《北京市进一步深化城镇住房制度，改革加快住房建设实施方案》，提出要停止住房实物分配，进一步完善住房公积金制度，建立职工住房补贴制度，逐步实行住房分配货币化；继续推进现有公有住房改革，加快实现住房商品化；建立和完善面向不同收入家庭的多层次城镇住房供应体系；发展住房金融；培育和规范住房交易市场，建立社会化、专业化、市场化的物业管理体制。

为了保证经济适用住房的健康发展，北京市在其销售购买的资质、程序等方面都出台了专门的规定。

（1）在销售管理方面

市建委于 1999 年 1 月 7 日颁布了《关于第一批经济适用住房销售购买办法》，首次对经济适用住房的销售和购买细化规定。

（2）在申购标准方面

市建委、市国土资源和房屋管理局于 2000 年 12 月 29 日联合颁布《关于北京市城镇居民购买经济适用住房有关问题暂行规定》，规定能购买经济适用住房的家庭收入规定（6 万元）、不需核定家庭收入可凭有关证明购房的家庭（夫妇双方为机关工作人员或教师的家庭、市政府批准的重点工程建设中的被拆迁居民家庭和政府实施危旧改造项目异地安置的居民家庭）、最高购房面积标准和申请人凭市经济适用住房建设工作领导小组审核通过的审核表购房。

（3）在购买程序方面

相继出台了《北京市城镇居民购买经济适用住房程序的通知（试行）》、《关于北京市城镇居民购买经济适用住房办理买卖交易、权属登记有关问题的通知》和《北京市城镇居民购买经济适用住房有关问题补充规定》，对居民购买经济适用住房的具体程序做出了细化规定。

为了进一步加强经济适用住房的建设与管理，2003 年 10 月 17 日，市建委颁布《关于进一步加强本市经济适用住房建设和管理的意见》，坚持经济适用住房发展方向和基本政策，强化住房保障功能、严格土地供应和管理，全面推行项目法人招投标制度、合理确定建设标准，严格控制户型面积。

经过这一阶段的发展与完善，北京市基本建立起了较为完善的经济适用住房的建设、购买和管理体系，将经济适用住房纳入规范化、法制化的管理轨道。这一方面有利于促进经济适用住房的建设与销售，另一方面也有利于经济适用住房政策的法制化与规范化。

四、反思阶段（2004～2006年）

经过一段时间的发展，北京市经济适用住房政策在保障中低收入家庭住房、调控房价等方面发挥了十分重要的作用，但由于特定历史环境下社会性与经济性的矛盾，影响了该政策的科学性和有效性。经济适用住房政策在实践中也遇到很多问题，存在一些违背政策初衷的现象，发展速度也有所放慢。

1. 建设速度放缓

北京市2005年经济适用住房完成投资额为658204万元，比2004年下降了32.8%，甚至低于2001年的投资水平，2006年的销售面积176.3万平方米，远低于2003年的320万平方米。经济适用住房无论从投资规模到销售面积都有较大幅度的回落。

2. 问题日益暴露

（1）单套房屋面积大、售价高

经济适用住房标准制定之初仅规定了售价，并未严格规定面积标准。直到2003年北京市颁布《关于进一步加强本市经济适用住房建设和管理的意见》，才正式确立起了户型面积和单套总价款的双向控制机制，即经济适用住房主要户型面积应在80平方米左右，单套住房总价款在32万元以下。但经济适用住房建筑面积过大，房屋总价过高的现象已经比较严重。2006 年，北京市经济适用住房户型面积 90 平方米以下的占 54.9%；90 ~ 105 平方米的占 23.2%；105 ~ 120 平方米的占 20.4%；120 平方米以上的占 1.5%[①]。

（2）供应对象失控

由于整体售价过高，本来只面向中低收入阶层的经济适用住房，却涵盖了包括中高收入阶层在内的多种消费群体。以北京市天通苑经济适用住房小区为例，小区内有许多 150 平方米以上的大户型，甚至还有 200 ~ 300 平方米的；住户基本上不是贫民，绝大部分是机关干部、企业白领、医生、教师、小企业主等中等收入家庭；大户型经济适用住房受到了很多中高收入购房者的青睐。REICO 通过对北京经济适用住房的抽样调查，结果显示经济适用住房主要满足了中等偏上家庭的需要，中等偏下和低收入家庭所占比例并不高，并且部分经济适用住房是用于投资，自用率平均仅为 51.34%，完全违背了政策初衷[②]。

（3）供需矛盾尖锐

根据 2000 年《关于北京市城镇居民购买经济适用住房有关问题暂行规定》的要求，凡年收入 6 万元以下的家庭均有经济适用住房的购房资质。按照这一标准，北京市符合要求的家庭占 70% 以上。这与国家最初的政策设计，即经济适用住房应占住宅建设 70% ~ 80% 是一致的。但实际建设中，经济适用住房却只占了住宅建设的很小比例，基本在 10% 左右。2005 年、2006 年北京市商品房的施工面积分别为 10748.5 万平方米、10483.5 万平方米，而经济适用住房的施工面积为 890.9 万平方米和 806.5 万平方米[③]，经济适用住房的施工面积仅占商品房施工面积的 8% 左右，远远低于供给标准要求，这就造成 70% 的居民抢购 10% 的房子的现象。北京市经济适用住房供需失衡的情况非常严重，同时由于投资比重的持续下降，弱化了其对商品房价格上升的抑制作用，不利于住房保障体系的完善和低收入家庭住房问题的解决。

① 刘小平："北京经济适用住房供给中存在的问题及对策分析"，《经济师》，2009 年第 1 期。

② 赵燕军："REICO 报告建议调整经济适用住房政策"，《北京房地产》，2005 年第 10 期。

③ 数据来源：2007 年北京市统计年鉴。

(4) 配套管理不到位

经济适用住房配套管理的问题主要体现在选址偏远和物业管理水平低两个方面：①区位差。由于目前北京市大部分经济适用住房规划远离市区，基础配套设施相对滞后[①]，不仅给经济适用住房的住户带来了生活工作上的不便，还增大了城市交通、教育、购物成本等压力，在一定程度上限制了经济适用住房的发展。根据《北京市2006年度土地供应计划评价标准规定》，2006年北京市东、西、北四环路以内，南三环及其延长线与四环交界以内，不增加经济适用住房项目的实施；而较为偏远的石景山区、门头沟区、大兴区等则将成为经济适用住房的中远期储备和主要考虑对象。②物业服务水平差。物业收费是根据政府的限价政策来制定的，因此，经济适用住房的物业收费标准一般低于普通商品住房，在物业公司的选择方面难以发挥市场竞争机制的作用。这造成经济适用住房小区的物业服务水平普遍较差，有的地区难以拥有一个舒服的居住环境。

(5) 分配过程中存在寻租、设租现象

经济适用住房价格低廉，远低于商品房价格，需求巨大而供给有限；加之审批权集中在政府手中，并且缺乏有效的监督机制。从购房者的角度来看，难免会有一些不符合经济适用住房购房标准的人为获得经济适用住房而寻租，符合购房标准的人也可能为了早日获得经济适用住房而寻租。从开发商的角度来看，随着北京市土地供应日益趋紧，开发商获得政府土地供应日益困难，而经济适用住房由政府划拨建设用地，由于行政划拨的透明度低，许多开发商为牟取自身经济利益，拉拢、腐蚀政府决策者，也可能造成各种“寻租”活动。

上述问题的存在，一方面导致了广大民众对经济适用住房政策的质疑，另一方面也引发了政府与学者的反思。经济适用住房政策存在的问题难以依靠现有安排有效解决，新形势下迫切需要进行调整。

---

① 比如天通苑经济适用住房小区被称为“睡城”，即除了居住外，没有休闲娱乐等其他的生活功能，有人甚至提出，如果没有基础设施的配套完善，经济适用住房小区有成为城市贫民窟的可能。

五、调整阶段（2007年至今）

经济适用住房政策在实践中的诸多弊端，违背了其解决中低收入家庭住房困难的政策初衷。2007年起，从国家层面到北京市层面，都对经济适用住房政策进行了一定程度的调整，希望以此完善经济适用住房政策，防范弊端的产生，继续发挥这一政策的积极作用。

2007年8月7日，国务院颁布《关于解决城市低收入家庭住房困难的若干意见》，规定了廉租住房的保障对象、新建保障性住房的面积标准、保障性住房配建制度、经济适用住房只拥有有限产权等，勾勒了市场经济体制下住房制度的总体框架，被誉为“住房制度改革的第三次变革”。2007年9月25日，根据国务院《意见》的精神，北京市颁布了《北京市经济适用住房管理办法（试行）》，对经济适用住房供应对象、房源筹集、审核和销售、监督管理、法律责任等做出严格规定。2007年11月5日，市建委等颁布了《北京市廉租住房、经济适用住房家庭收入、住房、资产准入标准》，规定了城八区城市居民购买经济适用住房家庭收入、住房、资产准入标准，各远郊区县参照通知精神，结合各自区县的实际情况制定相应保障住房准入标准，并颁布执行。

2006年颁布的《北京市住房建设规划2006～2010》对经济适用住房政策开始了局部调整，表明了经济适用住房向保障性回归的政策意图：第一，针对北京市经济适用住房供应量严重不足的现状，提出将逐步转变供应模式，由销售为主过渡到租售并举，将租售比提高到1∶4左右。第二，针对经济适用住房建设和认购中的寻租现象，提出将探索经济适用住房的“内循环”制度，主要是针对今后新建和销售的经济适用住房，旨在从制度上制止违规购买、谋取不正当利益的行为。第三，针对经济适用住房的定位模糊、效果不明显的问题，分别于2006年和2009年启动限价房和公租房试点。第四，针对经济适用住房建设中的面积、价格失控问题，规定将严格控制在中小套型（中套住房面积控制在80平方米左右，小套住房面积控制在60平方米左右）。第五，针对经济适用住房区位偏的问题，规定将按照均匀分布、集配结合、服务便捷、规模适度的原则进行规划布局。布局要方便群众生活就业，提供选择的多样性，实现空间上的均匀分布；同时采取集中建设和配套建设相结合的方法。

北京市经济适用住房政策的调整，反映了经济适用住房定位的变化，由政策性商品住房向保障类住房的过渡，凸显了经济适用住房的保障性，弱化了原有的商品属性，同时从建设、销售、交易各个环节加强经济适用住房的管理，并通过与限价房制度、廉租房制度相配合共同构建新的住房保障体系。经济适用住房政策保障性的回归与执行过程的规范，有利于其政策目标的实现，但是，这些调整是一个动态的过程，实际效果也有待检验。

谭梦圆　执笔

附件五　杭州市经济适用住房政策变迁分析

杭州市经济适用住房政策始于1999年，2001年开始公开销售经济适用住房，2010年市区经济适用住房保障范围从上一年度人均可支配收入60%以下的低收入家庭扩大到80%以下的中低收入家庭，提前两年完成浙江省政府工作目标。经济适用住房已成为杭州市多层次住房供应体系的主要组成部分和破解中低收入家庭住房困难的主要渠道。

一、经济适用住房的性质分析

关于经济适用住房的性质，几乎每个相关文件都会提到，因此，对其定性的变化直接反映了政策的走向。2001年《杭州市人民政府办公厅关于杭州市经济适用住房销售管理的意见》对经济适用住房性质的说法是“普通住房”，同时出台的《杭州市人民政府关于杭州市经济适用住房建设的实施意见》中对其的定性是“微利商品房”，接下来的几年里，其他文件的说法都是“普通住宅商品房”（《杭州市经济适用住房价格管理办法》）、“微利普通商品住房”（《杭州市人民政府关于进一步加强杭州市区经济适用住房建设和销售管理工作的若干意见》、《杭州市市区经济居住房销售管理实施细则》）。

这些说法用词上大同小异，表达的内涵也没有大的变化，即经济适用住房是住房分配制度从实物分配走向市场分配的过程中针对中低收入家庭的、与针对高收入家庭的商品房相对应的商品住房，虽然文件在概念上用的是经济适用住房和商品房，实际上经济适用住房也是商品房，这两类住房的不同在于：第一，针对的对象在收入上有差异；第二，经济适用住房在政策上、价格上享受一些政策优惠。由于经济适用住房的供应对象是中低收入家庭，所以在事实上具有保障功能，在部分文件中也是这样表述的。

到了2004年《杭州市人民政府关于贯彻国家四部委〈经济适用住房管理办法〉的实施意见》中对经济适用住房的定性发生了较大变化，表述为“具有保障性质的政策性商品住房”，2006年《杭州市区经济适用住房价格管理办法》对其做了相同定性。从“普通”商品房到“政策性”商品住房，其中的变化是比较明显的，即社会保障的功能增强了。2007年《杭州市区经济适用住房管理办法》对其定性又发生改变，成为“政策性住房”，经济适用住房变成了完全的保障性住房。

可见，2001~2009年，杭州市经济适用住房的性质发生了从商品房到保障房的重大变化。这种从性质出发的分析可以从具体的政策内容中得到佐证。

二、从供应对象分析

几乎所有出台的经济适用住房政策都会对其供应的对象进行比较明确的限定，主要是对准入家庭的收入和现有住房条件进行规定。

2001年，关于供应对象的表述为中低收入家庭中的无房户和住房困难户，中低收入家庭是指房价收入比在四倍以上的家庭，住房困难的标准依据职称的不同有不同的标准，变动区间在55平方米至95平方米。2003年，杭州市将经济适用住房分为了经济解困房和经济居住房两类，前者针对低收入家庭，后者针对中等收入家庭。经济解困房的供应对象为：家庭收入在市区上一年度户均收入60%以下且无法享受住房分配货币化的，家庭人均住房使用面积在6平方米（含）以下；低收入家庭，在拆迁货币安置时，所得货币安置款不足以购买人均使用面积8平方米经济适用住房。

2004年对这个标准做了调整：具有市区常住城镇居民户口（含符合杭州市安置条件的军队人员）；已婚（含未满35周岁离异或丧偶带小孩）或年龄在35周岁及以上的单身无房户；申请家庭（2人及以上）现有（或已有过）住房建筑面积小于48平方米（含48平方米）；属中低收入家庭。

2007年对2004年的标准做了微调：家庭成员至少有一人具有本市市区常住城镇居民户口（不包括学生户口）5年以上（含符合杭州市安置条件的军队人员）；已婚（含离异或丧偶，带未成年子女且拥有监护权）或年龄在35周岁及以上的单身无房户；申请家庭房产建筑面积小于48平方米（含）；家庭人均年收入低于市统计局每年向社会公布的上年度城镇居民人均可支配收入的60%。

可见，2001～2004年的变化很明显，就是严格了杭州市经济适用住房的供应对象标准，这与经济适用住房性质的变化是一致的。2003年杭州市将经济适用住房分为经济解困房和经济居住房，实际上就是将经济解困房定位在保障性住房，这从经济解困房的供应对象标准中可以看出。2004～2007年的变化较小，主要是表述上更加规范和精确。

三、从建筑面积标准来看

2001年经济适用住房的建筑标准是按照不同职称和级别有所区别的，从一般职工到教授级高级职称，建筑面积标准从50平方米到120平方米不等。2003年又规定，经济适用住房中50平方米以下的占10%，51～70平方米占60%，71～90平方米占20%，91～120平方米占10%；属高层建筑和远郊住宅的，单户建筑面积可适当放宽5～10平方米。

2004年将建筑面积标准大幅减小，成为“中小套型，中套住房建筑面积控制在80平方米左右，小套住房建筑面积控制在60平方米左右；高层、小高层可增加建筑面积10平方米”。

2007年又做了部分调整，成为“中小套型，建筑面积一般控制在60平方米左右，针对四人及以上的家庭，部分经济适用住房的建筑面积控制在80平方米左右”。2009年以及之后又调整为60平方米，取消了80平方米的经济适用住房。

建筑面积是能直接反映出经济适用住房性质的一个特征值，如果经济适用住房是保障房，本着“保基本”的原则，其面积不会很大，而如果经济适用住房是商品性质，那它的面积就不受这个原则的约束，而要以需求者的要求为标准。杭州市经济适用住房建筑面积标准的变化就反映了其性质从商品房到保障房的变迁。2001年，不仅经济适用住房的面积标准差异较大（从50平方米到120平方米不等），而且还要根据供应对象的职称和级别不同而分配不同的标准。无论从面积本身还是供应对象看，它都具有明显的商品性质。而2004年就将面积大幅缩小，体现了保障性的增加，2009年更是直接规定只能有60平方米这一种标准，经济适用住房保基本和公平性的特征表现得更明显。

四、关于上市交易

关于交易的规定也是衡量经济适用住房性质的重要标准，商品房性质越浓，关于交易的限制条件也就越少越松，反之，保障房性质越浓，由于居住者对经济适用住房拥有的产权越不完整，关于交易的限制条件也就越严格。

2001年关于交易的规定是：“市场交易，必须按规定补交土地出让金及所享受的规费减免金。”这样的规定几乎与纯粹的商品房无异。2003年，关于交易的规定发生了变化，要求“经济居住房5年内不得上市交易，经济解困房

10 年内不得上市交易”。之后，在 2004 年，对交易又做出了更加细致的规定，并且对出售和换购经济适用住房的后果作出了规定：“以市场价出售经济适用住房后，不得再购买经济适用住房；如需换购，必须以届时经济适用住房价格出售给取得经济适用住房资格的家庭后，方可再次申请。”

从上述四个方面可以看出，杭州市经济适用住房政策 2001 ~ 2009 年发生了重大的变化，根本的变化就是由商品性质的住房变为保障性质的住房，从而使配套的规定都发生变化。

附表 5.1　杭州市经济适用住房政策的演变历程

时间	标志性文件	政策目标	有关政策和措施
2001 年 2 月 5 日	《杭州市人民政府办公厅关于杭州市市区经济适用住房销售管理的意见》	建立与社会主义市场经济和我国国情相适应的住房新体制，建立和完善多层次的住房供应体系，以不断满足中低收入家庭日益增长的住宅需求。	1. 定性：建设用地由行政划拨、享受政府规费减半等优惠政策，以微利价出售给中低收入家庭而开发建设的普通住房。 2. 供应对象：中低收入家庭中的无房户和住房困难户。中低收入家庭为房价收入比（即本市一套建筑面积为 60 平方米的经济适用住房的平均价格与双职工家庭年平均工资之比）在 4 倍以上的职工家庭。具体条件为：在本市市区范围内具有城镇正式户口；现住房建筑面积未达到，即职工、居民现住房建筑面积为：一般职工 55 平方米及以下，具有中级职称的职工（相当于科级干部）65 平方米及以下，具有副教授级高级职称的职工（相当于县处级干部）75 平方米及以下，具有教授级高级职称的职工（相当于厅局级干部）95 平方米及以下；属中低收入家庭非国家公务员的职工、居民。 3. 建筑标准：一般职工 70 平方米，具有中级职称的职工（相当于科级干部）80 平方米，具有副教授级高级职称的职工（相当于县处级干部）90 平方米，具有教授级高级职称的职工（相当于厅局级干部）120 平方米；或根据家庭成员结构状况，按人均 20 平方米控制。 4. 定价：政府定价，保本微利原则。 5. 交易：市场交易，必须按规定补交土地出让金及所享受的规费减免金。 6. 程序：单位负责调查初审——区房管局申请登记——市房改办审查核定，发放准购证——轮候购买。

续表

时间	标志性文件	政策目标	有关政策和措施
2001年2月5日	《杭州市人民政府关于杭州市经济适用住房建设的实施意见》	贯彻落实国家有关住房政策，建立我市住房供应体系，解决中低收入家庭的住房需要，促进住房制度的改革和住宅产业的发展。	1. 定性：经济适用住房是具有一定社会保障功能的微利商品房，它以现阶段社会中低收入家庭为供应对象，是城市住房供应体系的重要组成部分。包括：国家安居工程、拆迁安置用房、政策允许的单位职工集资建房、政府专项用房。 2. 供应对象：在本市市区范围内具有市区居民正式户口、未曾享受标准住房分配或未达到规定面积标准下限、属中低收入的家庭（指房价收入比在4倍以上的家庭）。经济适用住房实行"一户一套"制度，即一个家庭享受一次经济适用房。原住房与新购经济适用住房之和超过家庭规定可享受面积上限标准的，按同地段商品房价格结算。 3. 建设标准：60～95平方米左右的住宅为主导户型。 4. 交易：交易时，应补缴土地出让金及有关规定费用。 5. 价格：政府定价，按保本微利的原则。包括：建设用地的征地和拆迁补偿、安置费、勘察设计和前期工程费、建安工程费、住宅小区基础设施建设费（含小区非营业性配套公建费）、以上4项之和为基数的2%的管理费、贷款利息、税金、3%以下的利润。 6. 供地实行行政划拨。
2002年9月2日	《杭州市经济适用住房价格管理办法》	进一步规范经济适用住房价格的管理，促进住房制度改革的深化和住宅产业的发展，建立我市适应国家住房政策的住房供应体系。	1. 定性：经济适用住房是指建设用地由行政划拨、享受政府特殊优惠政策、以微利价格公开出售给中低收入家庭具有一定社会保障功能的普通住宅商品房。 2. 价格：与中低收入家庭的承受能力相适应，按保本微利的原则确定。包括：征地和拆迁安置补偿费、建安工程费、住宅小区基础设施建设费、管理费、贷款利息、税费、利润、差价。 3. 定价公式：单位面积销售价格（元/平方米）＝核准价格（元/平方米）×（1±楼层差价率±朝向差价率）。或：单位面积销售价格（元/平方米）＝核准价格（元/平方米）±楼层差价额1±朝向差价额。单套住房的销售价格＝单位面积销售价格（元/平方米）×建筑面积。

续表

时间	标志性文件	政策目标	有关政策和措施
2003 年 3 月 11 日	《杭州市人民政府关于进一步加强杭州市区经济适用住房建设和销售管理工作的若干意见》		1. 定性：经济适用住房是具有社会保障性的面向中低收入家庭、实行政府定价的微利普通商品住房。根据对象不同分为经济解困房（针对低收入家庭）和经济居住房（针对中等收入家庭）。 2. 供应对象：房价收入比 4 倍以上的无房户和现住房面积不到房改标准下限的未达标户；“户均一套”的原则（取得结婚证书的或年龄 35 周岁及以上的单身者）。购买经济解困房的，应满足家庭收入在市区上一年度户均收入 60% 以下且无法享受住房分配货币化的，家庭人均住房使用面积在 6 平方米（含）以下；低收入家庭，拆迁货币安置时，所得货币安置款不足以购买人均使用面积 8 平方米经济适用住房。 3. 销售：轮候制。购买经济解困房，对经核准的申购家庭无正当理由不愿购房的，即取消其准购资格，并不得再次申请；购买经济居住房，参加摇号后放弃购买的，《准购证》作废；今后仍需购买的，《准购证》重新编号，其号码轮至末尾。 4. 价格：经营性配套建设项目不列入经济适用住房建设成本。购买定向经济解困房，在单户建筑面积控制标准以内部分按市物价局核定的经济适用住房销售价格购买，由政府按人均使用面积 8 平方米标准给予 200 元每平方米的补贴。 5. 交易：经济居住房 5 年内不得上市交易，经济解困房 10 年内不得上市交易。 6. 建设标准：50 平方米以下的占 10%，51 ~ 70 平方米占 60%，71 ~ 90 平方米占 20%，91 ~ 120 平方米占 10%；属高层建筑和远郊住宅的，单户建筑面积可适当放宽 5 ~ 10 平方米。 7. 建设单位资质：三级以上（含）资质、累计开发 20 万平方米建筑面积以上。
2003 年 6 月 11 日	《杭州市市区经济居住房销售管理实施细则》		1. 定性：经济居住房为一般意义上的经济适用住房，是指具有社会保障性质的面向中等收入住房困难家庭、实行政府定价的微利普通商品住房。 2. 供应对象：在本市市区范围内具有城镇常住居民户口；已经取得结婚证书的居民或年龄在 35 周岁及以上的单身居民；经济居住房的目的是为了建立与

续表

时间	标志性文件	政策目标	有关政策和措施
		社会主义市场经济和我国国情相适应的住房新体制，建立和完善多层次的住房供应体系，不断满足中等收入家庭日益增长的住房需求。	享受实物分房建筑面积未达到以下标准，即：一般职工55平方米及以下，具有中级职称的职工（相当于科级干部）65平方米及以下，具有副教授级高级职称的职工（相当于县、处级干部）75平方米及以下，具有教授级高级职称的职工（相当于厅、局级干部）95平方米及以下；属中等收入家庭的职工、居民，即上一年度家庭收入不超过以下标准：一般职工45000元，具有中级职称的职工（相当于科级干部）52500元，具有副教授级高级职称的职工（相当于县、处级干部）60000元，具有教授级高级职称的职工（相当于厅、局级干部）75000元。 3. 建设面积标准：一般干部、职工70平方米；中级职称的职工（相当于科级干部）80平方米；具有副教授级高级职称的职工（相当于县、处级干部）90平方米；具有教授级高级职称的职工（相当于厅、局级干部）120平方米。 4. 程序：单位审核——市房改办审批，发放准购证；或者区房管部门审核——市房改办审批，发放准购证。 5. 交易：经济居住房购买后，自办理经济居住房房屋所有权证之日起5年内不得上市交易。
2003年11月24日	《杭州市人民政府关于贯彻国务院国发［2003］18号文件精神促进我市房地产市场持续健康发展的意见》	促进我市房地产市场持续稳定更健康地发展，加快实现市委、市政府提出的“居者有其屋”的目标，尽快建立和完善我市中低收入家庭住房供应体系。	1. 供应对象：本市中低收入家庭和城市建设拆迁家庭。 2. 建立《经济适用住房权属证书》制度：持证人为经济适用房的购房人，享有该房的有限产权。 3. 单位自建或通过土地置换获取经济适用房的条件：符合杭州城市总体规划要求，规划为住宅用地的；在市区四类土地以外（含四类土地），为单位自有宿舍生活区用地的；所建经济适用房供给对象为生产销售困难且住房困难的双困企业中符合申购条件并已领取《经济适用住房准购证》的；所有购买、办证等手续纳入市里统一办理，不得变相搞福利分房或实物分房，多余的经济适用房房源必须交市里按经济适用房销售管理办法实施销售。原则上不能自行建造经济适用房。 4. 管理：改革摇号办法，采用摇号轮候制，确保所有符合购买经济适用房条件的市区居民都有机会购买经济适用房。

续表

时间	标志性文件	政策目标	有关政策和措施
2003 年 9 月 12 日	《杭州市区经济适用住房建设项目招标投标暂行办法》		1. 投标资格：在杭州市登记注册、持有营业执照，具有三级以上（含三级）资质，并累计开发 15 万平方米以上建筑面积的无不良资信记录房地产开发企业。 2. 两阶段招标：技术标书、商务标书实行两阶段招标。即先对建设项目设计方案进行招标；设计方案确定后再对商务标实行招标。
2004 年 2 月 24 日	《杭州市区单位自建经济适用住房建设与销售管理办法》	为加快实现市委、市政府提出的“居者有其屋”的目标，尽快建立和完善我市中低收入家庭住房供应体系，加快经济适用住房建设。	1. 可申请自建或通过土地置换取得经济适用住房的单位标准：符合杭州城市规划要求，规划为住宅用地的；在市区四类土地以外（含四类土地），为单位自有宿舍生活区用地的（不含集体宿舍）；属生产经营销售困难且职工住房困难的双困企业或科研院所、大专院校等企事业单位。 2. 供应对象：本单位符合申购条件并已领取《经济适用住房准购证》的员工。 3. 价格：与同类地段经济适用住房价格持平，其扣除拆迁建设成本、税收与合理利润后的收益纳入单位住房基金；超过各类人员应享受住房标准面积的，其房价差额部分上缴市财政。
2004 年 9 月 1 日	《杭州市人民政府关于贯彻国家四部委〈经济适用住房管理办法〉的实施意见》		1. 定性：经济适用住房是指政府提供政策优惠，限定建设标准、供应对象和销售价格，具有保障性质的政策性商品住房。 2. 建筑标准：中小套型，中套住房建筑面积控制在 80 平方米左右，小套住房建筑面积控制在 60 平方米左右；高层、小高层可增加建筑面积 10 平方米。 3. 价格：以保本微利为原则，其销售价格实行政府定价；其租金标准由有定价权的物价主管部门会同经济适用住房主管部门在综合考虑建设、管理成本和不高于 3% 利润的基础上确定。建设和经营中的行政事业性收费，减半征收；经济适用住房项目规划红线外的基础设施建设费用，由政府承担。 4. 供应对象：持有市区居民户口（含符合当地安置条件的军队人员），属中低收入的家庭；无房或现住房建筑面积人均低于 12 平方米和建筑面积小于 48 平方米的住房困难家庭；符合前两项条件，年龄在 35 周岁及以上的无房单身者。

续表

时间	标志性文件	政策目标	有关政策和措施
			5. 购买标准：60 平方米左右的住房提供给一户 3 人（含独生子女）及以下家庭；80 平方米左右的住房提供给一户 4 人及以上家庭（户内人口范围为：同一户籍内的夫妻、子女及夫妻双方的父母等直系亲属）。 6. 交易：在 5 年内不得上市交易；出售时，应当按照届时同地段普通商品住房与经济适用住房差价的一定比例向政府缴纳收益；以市场价出售经济适用住房后，不得再购买经济适用住房；如需换购，必须以届时经济适用住房价格出售给取得经济适用住房资格的家庭后，方可再次申请。 7. 政策变化：取消原按不同职务职称确定申请人经济、住房准入标准；严格控制专项用房，并不再新开政策口子；逐步将拆迁安置用房从经济适用住房的建设、销售中分离。
2004 年 11 月 9 日	《杭州市市区经济适用住房销售管理实施细则》		1. 供应对象：具有市区常住城镇居民户口（含符合杭州市安置条件的军队人员）；已婚（含未满 35 周岁离异（或丧偶）带小孩）或年龄在 35 周岁及以上的单身无房户；申请家庭（2 人及以上）现有（或已有过）住房建筑面积小于 48 平方米（含 48 平方米）；属中低收入家庭。申请家庭已享受实物分房，通过市场方式购买（商品房或存量房）、赠与、继承等途径取得的所有住房，其建筑面积均纳入申请家庭住房面积核定范围。符合本细则申请条件的，持杭州市区常住城镇居民户口（不含萧山、余杭区）的一方可申请购买经济适用住房。 2. 建筑面积：中小套型，即中套住房建筑面积控制 80 平方米左右，作为一户 4 人及以上家庭享受供应标准；小套住房建筑面积控制在 60 平方米左右，作为一户 3 人及以下家庭享受供应标准；高层、小高层住宅可增加建筑面积 10 平方米。 3. 价格：购房款 =（可享受的经济适用住房建筑面积标准 - 已有住房建筑面积）× 经济适用住房价格 +（已有住房建筑面积 + 实际购买的经济适用住房建筑面积 - 可享受的经济适用住房建筑面积标准）× 经济适用住房商品价。 4. 程序：单位审核——单位、街道、社区分别公示——市房改办审批——核发《准购证》。放弃购买的

续表

时间	标志性文件	政策目标	有关政策和措施
			(包括各种原因未能到达现场参加选房的)，已核发的《准购证》予以作废。如仍需申购，应按照本细则规定重新申领《准购证》,《准购证》号码轮至末位。 5. 交易：5年内不得上市交易、转让、出租；经济适用住房购买人以市场价出售经济适用住房后，不得再购买经济适用住房；如需换购的，必须在以届时经济适用住房价格出售给取得经济适用住房资格的家庭后，方可再次申请购买经济适用住房。
2006年10月10日	《杭州市区经济适用住房价格管理办法》		1. 定性：政府提供优惠政策，限定建设标准、供应对象和销售价格，具有保障性质的政策性商品住房。 2. 价格构成：开发成本、税金、利润。 3. 成本：征地和拆迁安置补偿费、勘察设计和前期工程费、建筑安装工程费、基础设施建设费和非营业性公共配套设施建设费、管理费、贷款利息、经济适用住房建设和经营中的行政事业性收费，减半计收。 4. 分割零售单套住房，应当以销售价格为基础，计算楼层、朝向差价。楼层、朝向差价按整幢（单元）增减的代数和为零的原则确定。
2007年9月7日	《杭州市区经济适用住房管理办法》	保障杭州市区低收入家庭的基本住房需求，规范经济适用住房建设和管理行为，加快推进住房保障体系建设进程。	1. 定性：指政府提供优惠政策，限定建设标准、供应对象和销售价格，具有保障性质、购房人拥有有限产权的政策性住房。 2. 建筑标准：中小套型，建筑面积一般控制在60平方米左右，针对四人及以上的家庭，部分经济适用住房建筑面积控制在80平方米左右。 3. 价格：政府定价，保本微利。一律免收城市基础设施配套费等各种行政事业性收费和政府性基金。实行明码标价和交费登记卡制度。土地以行政划拨方式供应。 4. 供应对象：家庭成员至少有一人具有本市市区常住城镇居民户口（不包括学生户口）5年以上（含符合杭州市安置条件的军队人员）；已婚〔含离异（或丧偶）带未成年子女且拥有监护权〕或年龄在35周岁及以上的单身无房户；申请家庭房产建筑面积小于48平方米（含）；家庭人均年收入低于市统计局每年向社会公布的上年度城镇居民人均可支配收入的60%。已作为申请家庭成员的以后不得再申请经济适用住房。

续表

时间	标志性文件	政策目标	有关政策和措施
			5. 程序：实行轮候制，街道（或设有劳动人事部门的单位）公示——区建设（房管）局初审——市房产管理部门复审公示并发放《准购证》，《准购证》号码顺序按照原受理先后顺序确定，并按照该顺序参加选房。如未参加当期选房或选房后放弃购买的，其《准购证》作废，且自当期选房开始之日起两年内不得重新申请购买经济适用住房。 6. 交易：满 5 年后允许上市交易；上市交易时，按照届时的销售价与当时经济适用住房购买价（包括超过享受面积部分的经济适用商品房）差价的 55% 向政府交纳土地收益等价款。满 3 年后可将房屋转让给符合经济适用住房购买条件的家庭。买受人无房产的，交易时可减免相关税费。未满 5 年因各种原因确需转让的，经批准可向政府申请经济适用住房回购。
2009 年 2 月 19 日	《杭州市区经济适用住房租售并举实施细则》		1. 租售并举，是指经济适用住房申请家庭按规定比例支付选购的经济适用住房首付款后，向开发建设单位租赁经济适用住房，并在租赁期限届满前付清全部房款，购买该套经济适用住房。首付款须达到房屋总价款的 30% 以上，租赁期限不得超过 5 年。 2. 供应对象：符合《杭州市区经济适用住房管理办法》规定的申请条件，且为无房户。 3. 租金：租金实行政府定价，包括：房屋管理费、维修费，以及申请家庭的首付款与总房价款差额部分的银行贷款利息等构成。 4. 建筑标准：60 平方米左右。 5. 交纳租金：申请家庭在签订购房及租赁协议并支付首付款之日起 5 年内，按原售房单价一次性购买其余部分面积。申请家庭应在签订购房及租赁协议并支付首付款之日起 10 日内，与开发建设单位签订未购买部分面积的租赁合同，明确租金缴交、房屋维修、物业管理、使用要求、产权发证、承租人变更、依法收回以及违约责任等内容。
2009 年 2 月 19 日	《杭州市区经济租赁住房管理办法》		1. 经济租赁住房，是指由市、区（不包括萧山、余杭区）政府提供专项资金和用地并组织建设，专项用于限定的保障对象的保障性住房。

续表

时间	标志性文件	政策目标	有关政策和措施
		建立经济租赁住房制度，建设具有杭州特色的住房保障体系，切实解决低收入、低中收入家庭住房困难。	2. 供应对象：符合经济适用住房申请条件，但暂无能力购买经济适用住房的家庭，可先租赁经济租赁住房，并在租赁期限届满前按规定程序购买经济适用住房；不符合经济适用住房申请条件，又暂无能力购买商品住房的低中收入家庭。 3. 建筑标准：60 平方米左右。经济租赁住房公建配套和生活服务用房面积控制在项目总建筑面积的 10% 左右。 4. 租金：政府定价，综合考虑房屋的管理费、维修费和贷款利息的基础上，参考市场租金水平确定租金标准。 5. 供应对象：申请人在杭州市区的用人单位工作，或为在杭州市区生活的本地居民；申请人及配偶在杭州市区无房。
2010 年 10 月 11 日	《杭州市人民政府关于进一步加强我市房地产市场调控加快保障性住房建设的实施意见》	贯彻落实国家和省有关房地产市场调控政策精神，进一步加快我市保障性住房建设，促进房地产市场持续健康稳定发展。	市区经济适用住房供应对象的准入条件逐步扩大至人均可支配收入低于上年度城镇居民人均可支配收入 80% 以下的住房困难家庭。

韩　巍　佘　宇　执笔

附件六　成都市经济适用住房政策概述

1998 年《国务院关于进一步深化城镇住房制度改革，加快住房建设的通知》出台，开启了在市场经济体制下公共住房体制建设的序幕。成都市也出台了相应政策，启动公共住房体制建设工作。

一、主要发展历程

自 1999 年开始，成都市经历试点、发展、完善三个阶段，逐步形成了具有本地特色的公共住房体制，通过实施分层次、多形式的公共住房供应，有效解决了中低收入住房困难群体的住房问题，促进了房地产市场的健康发展。具体来看：

1. 试点阶段（1999 ~2003 年）

随着 1998 年国务院通知的出台，构建起以廉租住房、经济适用住房为主体的公共住房体系，保障范围实行紧缩，从全民保障改变为针对中低收入家庭实行保障。结合具体情况，成都市开始试点廉租住房及经济适用住房工作。

（1）廉租住房

1999 年，成都市第一次实施廉租住房保障工作，通过政府投资购买、租赁市场房源、单位捐赠等多渠道筹集了150套廉租住房房源，通过摇号对低保无房家庭进行实物配租。2001年，针对试点工作中反映的财政一次性投入资金量大、覆盖面小、退出机制难以实现等问题，成都市根据住房制度改革的市场化导向原则，在全国率先建立起廉租住房租赁补贴制度，即对符合条件的家庭发放住房租金补贴，由其到市场租赁住房解决住房困难，从而通过更加灵活有效的方式帮助低保家庭解决住房问题。自此，成都市的廉租住房制度就包含了租赁补贴、实物配租及公有住房的租金核减三个组成部分，初步构建起多层次、多形式的廉租住房制度。

（2）经济适用住房

经济适用住房是政府提供政策优惠，限定建设标准、供应对象和销售价格，具有保障性质的政策性商品住房，包括由政府统一组织建设面向社会销售的经济适用住房，以及企业组织职工利用自有存量土地集资建设的经济适用住房两个部分。

2. 发展阶段（2004～2006年）

2003年《国务院关于促进房地产市场持续健康发展的通知》出台，重点发展房地产市场，逐步紧缩保障范围，由中低收入调整为中等偏低收入住房困难家庭。在国家政策推动下，成都市房地产市场得到飞速发展，与此同时，却出现了相当多既不符合廉租住房保障条件，又无力购买经济适用住房的“夹心层”家庭。

为全面解决中等偏低及以下收入家庭的住房问题，在总结前期廉租住房和经济适用住房政策的基础上，成都市出台《城市公共住房制度实施方案（试行）》及配套文件，对原有住房保障方式进行整合与创新，系统构建了分层次、多形式的住房保障体系。

这一保障体系主要分为：最低收入（低保）家庭实行廉租住房保障，以租金补贴为主，实物配租和租金核减为辅的方式，实行“应保尽保”；低收入“夹心层”家庭，既可由政府给予租金补贴，通过市场租赁住房，也可购买或租赁经济适用住房解决住房问题；中等偏低收入家庭实行经济适用住房保障，在保障方式上实行租售并举。通过政策调整，成都市在全国率先将廉租住房保障对象从低保家庭扩大到年收入 22000 元以下的住房困难家庭。

3. 完善阶段（2006 年至今）

2006 年以来，随着房地产市场的快速发展，更多家庭由于商品房价格快速上涨而难以通过市场解决住房问题。为此，国家出台《国务院办公厅转发建设部等部门关于调整住房供应结构，稳定住房价格意见的通知》及《国务院关于解决城市低收入家庭住房困难问题的若干意见》等文件，强化住房保障工作的重要性。成都市也相继出台有关政策，进一步深化和发展公共住房体制，构建一个覆盖面更广、保障力度更大、保障方式更科学的体系。这一体系具体包含以下四个主要层次。

（1）廉租住房

廉租住房处于“公共住房体系”最低端，解决家庭年收入在 22000 元以下且人均住房面积在 16 平方米以下家庭的住房困难问题。保障形式主要有租金补贴、实物配租和租金核减等。

保障标准为：低保住房困难户，可领取每平方米租金补贴 12 元；年收入在 22000 元以下的住房困难户，按照租房面积大小，可领取每平方米 7 ~ 9 元的补贴；对于残疾、年老体弱、优抚对象等特殊困难家庭则实行零租金实物住房配租，并逐步对低保家庭实行以实物配租为主的保障方式，以更好解决其住房问题。

（2）经济适用住房

经济适用住房处于“公共住房体系”中端，主要解决年收入在 40000 元以下，人均住房面积在 16 平方米以下的中等偏低收入家庭的住房困难。

根据“按照标准、提前登记、按需建设、保证供应”的原则组织建设。按照标准，即严格按照经济适用住房的供应标准和建设标准；提前登记，即提前进行预登记，摸清需求，确定建设规模；按需建设，即按照预登记确定的规模和方位，布点建设经济适用住房；保证供应，即只要申购者不挑不拣，都可以购买到经济适用住房。

供应方式分为“出售型经济适用住房”和“租赁型经济适用住房”两种类型，后者供给暂无购买实力的住房困难家庭租住，租金标准比市场租金下浮10%。租赁型经济适用住房家庭在租满2年之后，可按届时的经济适用住房价格优先购买租住房屋。

（3）限价商品房

限价商品房处于“公共住房体系”高端，用以解决不符合经济适用住房购买条件的其他住房困难家庭的住房问题。销售对象分为以下五类：一是具有本市五城区（含高新区）正式城镇户口的无房家庭；二是具有本市五城区（含高新区）正式城镇户口，现有住房人均建筑面积不超过16平方米或家庭现有住房建筑面积在55平方米以下（原有住房可由政府计价回购）；三是具有本市五城区（含高新区）正式城镇户口，年满35周岁，无自有住房的单身居民；四是连续缴纳2年以上综合社会保险或城镇职工社会保险，已婚或年满35周岁的单身无自有住房的本市进城务工农村劳动者；五是夫妻双方在本市五城区（含高新区）工作，两人在本市连续缴纳2年以上的综合社会保险或城镇职工社会保险，无自有住房的外来从业人员家庭。

（4）公共租赁住房等多种公共住房供应形式

通过建设公共租赁住房、进城务工农民集体公寓、大学毕业生公寓等，解决进城务工农民工、大学毕业生、产业工人住房困难。

二、在保障性住房中的比重及有关优惠政策

1. 经济适用住房的占比

成都市目前的保障性住房主要包括廉租住房、经济适用住房、限价商品房和公共租赁住房四种类型。在全市现有11万套、717万平方米的保障性住房中，经济适用住房共计2万套（占18%），面积为152万平方米（占21%）。

“十二五”期间，成都市进一步加大力度建设各类保障性住房38万套、

2200多万平方米。其中，廉租住房4.5万套，经济适用住房5万套，限价商品房7万套，公共租赁住房20.3万套，棚户区改造1.2万户。已建成10598套、87.6万平方米，在建9568套、64.4万平方米。决定建设的规模的依据，一是本市调查摸底情况，二是上级下达的保障性住房建设任务。

2. 有关优惠政策

经济适用住房建设用地纳入年度土地供应计划和住房保障实施计划，予以重点保障。政府投资建设的经济适用住房用地实行行政划拨方式供地。经济适用住房建设减免一定的城市基础设施配套等各项行政事业性收费和政府性基金。对经济适用住房的建设和运营，按照国家相关规定给予税收优惠。经济适用住房项目小区外基础设施建设费用，由政府承担。经济适用住房建设单位可以在建项目作抵押向商业银行申请住房开发贷款。

三、申购条件、程序及需求量

1. 申购条件

(1) 本市五城区（含高新区）内的家庭

申购经济适用住房需符合下列三项条件：家庭年收入50000元以下（含50000元）；家庭人口两人（含两人）以上，主申请人必须具有本市五城区（含高新区）正式户口；家庭人均住房建筑面积在16平方米以下（包括已购政策性住房）。

(2) 户籍属于本市农村、在市行政区域内城镇务工

在务工所在地城镇申购面向社会发售的经济适用住房，须同时具备以下条件：家庭年收入符合当地经济适用住房规定的标准，其中在五城区（含高新区）内申购的，家庭收入为50000元以下（含50000元），在其他区（市）县申购的应符合当地规定的标准；户籍属于本市行政区域；家庭人口两人（含

两人）以上，主申请人在务工所在地的城镇缴纳有综合社会保险或城镇职工社会保险；在本市行政区域内城镇无城市自有产权住房（包括“新居工程”安置房）。

2. 申请程序

申请家庭向户籍所在地街道办事处（社区）提出书面申请。

由户籍所在地街道办事处对申请家庭的人口、住房状况等情况进行核实并提出初审意见，对初审符合保障条件的家庭进行公示，对公示无异议或异议不成立的，将资料报送区房产管理局。

区房产管理局及市住房保障中心分别对申请家庭的租住公房情况、自有产权房屋情况进行审核并提出审核意见，对经审核符合保障条件的家庭名单在指定网络媒体上再次公示。

对经各部门审核符合保障条件且公示无异议或异议不成立的家庭，由市住房保障中心确认其保障资格，申请家庭凭申请人身份证到市住房保障中心窗口领取通知单。

申请人凭通知单在规定有效期内通过摇号选定面向社会发售的经济适用住房。

3. 需求量

根据2011年调查摸底情况，成都市经济适用住房的需求量预计5000余套。分年度数据及累计数据如附表6.1所示。

附表6.1　　成都市经济适用住房历年需求情况

年度	年度申请数	累计申请数	年度通过审批数	累计通过审批数
2007. 10. 1 ~ 12. 31	1492	1492	1243	1243
2008. 1. 1 ~ 12. 31	1496	2988	1246	2489
2009. 1. 1 ~ 12. 31	2165	5153	1804	4293
2010. 1. 1 ~ 12. 31	2923	8076	2441	6734
2011. 1. 1 ~ 8. 24	5610	13686	3912	10646

四、政府与开发企业的责任

1. 开发企业的选择标准及管理措施

选择标准包括：按照国家、省、市施工招投标方面的法规，采取公开招标方式选择承建单位；承建单位应具备与招标项目符合的资质等级证书；财务方面，近3年内未出现亏损；业绩方面，具备从事过一定数量的与招标项目规模与性质类似的工程；信誉方面，未处于财产被接管、冻结、破产状态，未处于省行政区域内有关行政处罚期间；在本市从事房屋建筑和市政基础设施项目的建筑类企业具备“市场主体信用记录（评价）网络登记表”和“从业人员信用记录（评价）网络登记表”；具备招标项目要求的项目经理专业及等级条件；在规定时间内按照招标文件要求递交投标保证金；省外企业具备“入川从事建筑活动备案证”；以联合体方式投标的，需符合有关联合体投标的规定和要求，并提交联合体协议，明确联合体牵头人和各方权利义务。

管理措施包括：严格执行工程基本建设程序和项目管理规范，制定现场项目管理制度，明确项目管理目标计划、范围边界、组织结构、管理规定等，促使项目流程清晰，各方权责分明、协调一致；加强项目质量、进度、投资等方面监控工作，切实落实项目建设各方主体质量责任，严格落实工程质量终身责任制，在项目实施过程中注重过程控制及关键节点控制；加强项目日常抽查和巡查，特别是对项目建筑质量的监管，对巡查中发现的问题要限期整改，强化施工企业不良信用记录管理；加强现场各方的沟通与协调力度，促进项目内外和谐。

2. 经济适用住房建设中的各方责任

房产管理部门通过投资建设、采购等方式筹集保障性住房。

在适当地段的部分新增普通商品房项目中，按照项目住房建筑面积3% ~

5%左右的比例配建保障性住房。市规划部门会同市国土、房产管理部门在土地招标、拍卖和挂牌出让方案中设定出让条件，规定配建保障性住房的面积、套型结构、建设标准、规划条件、设施条件及开竣工时间等，并在相应的土地出让合同中约定配建保障性住房的相关要求，项目竣工验收合格后由土地竞得人无偿移交政府。

在符合土地利用规划和城市规划的前提下，企业可在自有土地上投资建设集体宿舍，用于企业内部员工居住；在各类开发区、工业集中发展区，可由所在区（市）县政府或管委会组织，集中建设集体公寓和宿舍，由用工企业租赁。

结合城镇改造及城乡建设用地增减挂钩工作，使用存量或置换的建设用地修建保障性住房。

鼓励和引导社会力量投资经营保障性住房。社会力量投资的保障性住房建设用地可以采用出让、租赁或作价入股等方式有偿使用。所建住房纳入全市保障性住房管理体系，价格水平、建设标准、保障对象等执行保障性住房统一政策规定。按土地出让合同约定配建的保障性住房属政府投资项目。

附表 6.2　　成都市经济适用住房政策的演变历程

时间	标志性文件	有关政策和措施
2004年12月10日	《成都市城镇经济适用住房销售管理暂行规定》	1. 定性：政府提供政策优惠，限定建设标准、供应对象和销售价格，具有保障性质的政策性商品住房。 2. 供应对象：安置旧城改造和土地征用中的被拆迁人，并安排部分经济适用住房面向社会公开出售给符合规定条件的住房困难户。住房困难户应具备的条件：五城区的正式户口；家庭年收入在规定的中等偏低收入线以下；无房或者人均住房建筑面积在16平方米以下；未租购公有住房或者其他政策性住房。 3. 购买面积标准：中、小套型，多层住宅建筑面积不超过90平方米（高层住宅增加10平方米公摊面积，不超过建筑面积100平方米）。二人户限购58平方米以下住房；三人户限购72平方米以下住房；四人户及以上限购90平方米住房。超出部分以市场价计。 4. 定价：参照项目周边同类商品房平均价格降低15%～20%。 5. 交易：三年以后，方可按市场价上市出售，属于行政划拨土地的经济适用住房上市交易时，应当按照有关规定补交土地出让金。

续表

时间	标志性文件	有关政策和措施
2006 年 6 月 26 日	《成都市人民政府关于印发〈成都市经济适用住房销售管理实施细则〉的通知》	1. 定性：政府提供政策优惠，限定建设标准、供应对象和销售价格，具有保障性质的政策性商品住房。 2. 供应对象：家庭年收入在中等偏低收入线以下；家庭成员中拥有两个（含两个）以上本市五城区正式户口，取得本市户籍三年以上；原有住房人均面积不超过规定面积控制标准。 3. 限购面积标准：购买非电梯公寓，二人户 58 平方米；三人户 72 平方米；四人户及以上 90 平方米。购买电梯公寓增加已享受政策性住房的面积应当在限购面积中予以扣减。 4. 交易：三年以后，方可上市交易；上市交易时，应当将政府在经济适用住房建设和土地供应中的优惠返还。购房人出售经济适用住房后，不得再申请购买经济适用住房。 5. 建设标准：非电梯住宅面积不超过 90 平方米，电梯住宅不超过 100 平方米。
2006 年 6 月 26 日	《成都市人民政府关于印发〈成都市城市公共住房制度实施方案（试行）〉的通知》	1. 供应对象：中等偏低收入家庭或低收入家庭（最低收入家庭实行廉租住房保障；低收入家庭可购买经济适用住房或由政府给予适当租金补贴，由其通过市场租赁住房）。 2. 建设标准：非电梯住宅面积不超过 90 平方米，电梯住宅不超过 100 平方米。
2007 年 12 月 21 日	《成都市人民政府关于贯彻国务院〈关于解决城市低收入家庭住房困难的若干意见〉进一步加强公共住房制度体系建设的意见》	1. 供应对象：家庭年收入 4 万元以下、人均住房面积 16 平方米以下的家庭。申购经济适用住房并经审查符合条件的家庭，其自有产权住房须交由市住房储备机构计价回购。 2. 建设标准：60 平方米左右。 3. 交易：不满 5 年不得直接上市交易；按照届时同地段普通商品住房与购买经济适用住房价款的差价的一定比例向政府缴纳土地收益等价款，在同等条件下，政府可优先回购。
2009 年 4 月 20 日	《成都市住房委员会办公室关于进一步加强住房保障有关问题的通知》	供应对象：在征地拆迁中选择货币安置且他处无住房的家庭；在旧城改造中选择货币安置、其货币安置总额不超过 35 万元且他处无住房的低收入被拆迁家庭。

续表

时间	标志性文件	有关政策和措施
2011 年 2 月 15 日	《关于贯彻落实国务院进一步加快推进住房保障做好房地产调控工作要求的实施意见》	供应对象：经济适用住房保障家庭年收入准入线标准由 4 万元提高到 5 万元。
2011 年 5 月 25 日	《成都市城乡房产管理局关于经济适用住房上市交易有关问题的补充通知》	交易：按照不低于计征单价（实际成交价高于计征单价的，按实际成交价）与该经济适用住房原购房价格差价的 60% 缴纳增值收益。
2011 年 7 月 4 日	《成都市中心城区经济适用住房管理细则》	1. 定性：政府提供政策优惠，限定套型面积和销售价格，按照合理标准建设，面向城市低收入住房困难家庭供应，具有保障性质的政策性住房。 2. 建筑标准：60 平方米左右。 3. 供应对象：家庭年收入在规定的收入标准以内；申请家庭成员两人（含两人）以上，主申请人必须具有中心城区城镇户口；自有产权住房人均建筑面积在 16 平方米以下（含 16 平方米）且无其他用途房屋。在征地拆迁或旧城改造中选择货币安置、货币安置总额不超过 35 万元且他处无房屋的低收入被拆迁家庭符合上述标准的。申请人及共同申请的家庭成员在申请之日前 3 年内转让住房（含出售、赠与、离婚析产或自行委托拍卖房产等）的，所转让房产面积计入自有产权住房面积，统一进行住房审核。已享受政策性住房（包括租住公房），且人均建筑面积超过 16 平方米的，不得申购经济适用住房。 4. 交易：不满 5 年不得上市交易或完善产权。5 年内购房家庭因特殊原因确需转让经济适用住房的（离婚析产和法院判决除外），由市住房保障机构按经济适用住房原出售价格回购。5 年后，经济适用住房上市交易或完善产权时应按照不低于计征单价（实际成交价高于计征单价的，按实际成交价）与该经济适用住房原购房价格差价的 60% 缴纳增值收益，用于补交土地收益等相关价款。

续表

时间	标志性文件	有关政策和措施
		5. 管理：经济适用住房购房人只能用于自住；购房家庭自交房之日起一年半之内必须入住；已购买经济适用住房的家庭，再购买其他住房的，其经济适用住房自合同备案之日（未备案的以购房家庭办理产权登记之日）起，不满5年的必须办理经济适用住房退出手续；购买经济适用住房满5年的，须取得已购经济适用住房的完全产权。

佘　宇　执笔

参考文献

[1] 李剑阁主编．中国房改——现状与前景．北京：中国发展出版社，2007

[2] 建设部课题组．住房、住房制度改革和房地产市场专题研究．北京：中国建筑工业出版社，2007

[3] 谢伏瞻，Gregory K. Ingram 主编．土地制度与住房政策．北京：中国大地出版社，2008

[4] 邵明．住房与土地——房地产领域热点问题新论．南京：江苏人民出版社，2008

[5] 吴立范，罗党论编著．中国的住房政策．北京：经济科学出版社，2009

[6] [瑞典] 吉姆·凯梅尼著，王韬译．从公共住房到社会市场——租赁住房政策的比较研究．北京：中国建筑工业出版社，2010

[7] 徐虹．城市公共住房供应研究．北京：经济科学出版社，2010

[8] 鲍磊．安得广厦千万间——“共有产权”的淮安模式．南京：江苏人民出版社，2011